令和を生きる

平成の失敗を越えて

半藤一利
池上 彰

GS 幻冬舎

はじめに

池上　平成が終わり、令和の時代を迎えました。半藤さんは幕末から明治、大正、昭和と、日本の近代について、歴史探偵としてこれまでずいぶんたくさんの本を書き、語って来られました。けれど平成についてはあまり語っておられないのではないですか。いかがですか？

半藤　ええ、平成だけを論じた本は一冊も書いていません。ただ、求めに応じて、新聞や雑誌などで平成の事件や事象をおりおりに論じたことは多々ありますが。

池上　平成の三十一年間にも、じつにさまざまなことが起きました。それらを昭和、あるいはそれ以前の出来事から照らして見たときに、重なるところがありはしないか。いまに至る岐路は何だったのか。そして令和という新しい時代を生きていくための教訓を見出すことができるのではないか。半藤さんとじっくり話し合いたいと思います。

半藤　じつは先ごろある新聞社から、平成という時代を三つのキーワードで表現してくれと頼まれましてね。

池上　三題噺ですね。

半藤　少々考えてみました。思いついた平成のキーワードは、「災害、平和、インターネット」。それをある友人に披露すると、かれは「自分ならば」とこう言った。「大衆の消滅、情報革命、それから共感」だと。なるほど、と。池上さんなら何と答えますか。

池上　そうですね、まずは「閉塞感」でしょうか。日本経済はデフレがじつに長く続きましたから。「平成」という言葉は「内平らかに、外成る」という『史記』に出てくる言葉から引いたとのことで、「国の内外で平和がもたらされる」という意味だそうです。しかし、じっさいは「内平らかに、外乱れる」でしたね。国内はいちおう平和でしたが、世界では大きな紛争が起きつづけた。二つ目はそれでしょうか。

半藤　「内平外乱」ですか、なるほど。わたくしが先ほどあげた二つ目の「平和」というのはじつは「天皇」と言いたかった。しかしそう言うと何かむき出しになってしまうから、新聞社用には「平和」と言い換えましたがね。

池上　天皇ご自身が平成最後の天皇誕生日でおっしゃいましたね。「平成が戦争のない時代として終わろうとしていることに、心から安堵しています」と。

半藤　そうでした。池上さんの「閉塞感」と「内平外乱」。あとひとつはどうです？

池上　三つ目は何でしょうか。半藤さんは「インターネット」をあげられたが、まあ、そのとおりではあります。平成はすっかりネット社会となり、その傾向にはこれからさらに拍車がかかるでしょう。いずれもこのあと議論することにいたしましょう。

＊元号「平成」の出典について……『史記』の巻一「五帝本紀」に「内平外成」（内平カニ 外成ル）、また『書経』の「大禹謨《だいうぼ》」に「地平天成」（地平カニ天成ル）とある。転じて「平成」には「国の内外にも天地にも平和が達成される」という意味が込められていると、ときの内閣官房長官、小渕恵三から発表された。

令和を生きる／目次

第二章　災害で失われたもの、もたらされたもの　49

第三章　原子力政策の大いなる失敗　67

第七章　日本経済、失われつづけた三〇年　147

第八章　平成から令和へ——日本人に天皇制は必要か　187

構成・脚注　石田陽子
DTP　美創

第一章

劣化した政治、最初の岐路

平成元年、戦後日本のいちばん輝ける日に抱いた違和感

半藤　日本の東証平均株価が最高の値をつけたのが、平成元年（一九八九）十二月二十九日、大納会の日でした。たしか三万八九一五円でしたか。

池上　はい。あの年の暮れ、株式評論家の中には、来年は五万円を超えるという予測を出していたひともいました。

半藤　あの日が戦後日本のいちばん輝ける日なんですよ（笑）。
　わたくしごとを申しますが、わたくしが文藝春秋に勤めていたのは平成六年（一九九四）まででなんです。日本のバブル景気のおしまいは平成三年（一九九一）と一般的には言われていますが、わたくしの実感としては、バブルはもう少しあとまで続いていました。辞める二年前の平成四年（一九九二）頃まで、会社はまだバブルでしたねえ。

池上　やはりそうでしたか。

半藤　わたくし自身、銀座で毎晩のようにいい調子で呑んでおりました。ちょうどその頃のことです。じつの話を白状いたしますが、銀座の店の女の子を二人寿司屋に連れていったことがあって、さて帰ろうとなったらぜんぜんタクシーが捉まらない。ようやく一台を拾ったときに、よせばいいのに「よしッ、今晩は二人ともオレが送っていってやるッ」と、気前のいいところ

を見せたことがありましてね。すると、ひとりは大森住まい。もういっぽうは赤羽だというじゃありませんか。わたくしはその頃、荻窪に住んでおりましたから、東京縦断、東京の西半分を横断とあいなりました（笑）。

池上 それは、それは。当時一万円札を振ってタクシーを止める人がいたというのはバブルの語り草になっています。

半藤 何バカなことをやっていたのかと。まだそんな按配でしたがね。そのいっぽうで「あれ？ へんだぞ」と。「世界の枠組みが軋《きし》んできたぞ」と、思っていたことは思っていたんです。

池上 ほう。それは何をもってそう思われた？

半藤 天安門事件です。

池上 ああ。一九八九年六月四日。

半藤 そうでした。平成元年の六月でしたね。あのときに、「ことによると共産主義国家は、大変革をしないともう生き延びることができないのではないか」と思ったのを、はっきりと覚えているんです。

その五カ月後の十一月九日ですか、ベルリンの壁が崩れたのは。いちばん初めに壁が崩れる瞬間を見ていたのは日本のカメラマンなのですってね。

池上　ほう、そうだったんですか。

半藤　西側でカメラを構えていたら、壁の上から東側の人びとが乗り越えてきた。「エッ、何だ、これは」と仰天したというんです。

池上　東ベルリン側の壁沿いは一〇〇メートルにわたって空き地でした。要するに壁を越えて西に逃げ出そうとする連中を捕らえるため、あるいは壁に到達する前に射殺するために設けられた空間です。いっぽう西ベルリン側では、壁に触れることができた。人びとが壁の前まで行って、こんなものなくなってしまえばいいのにとばかりに、たくさんの落書きをしていました。

半藤　おっしゃるとおり東側から乗り越えてくることなど、それまでは到底できなかったわけですね。ところがその日、普通だったら撃たれてしまうところを、つぎからつぎへと人が乗り越えてくる。それを日本人カメラマンが見ていたというじゃないですか。大事件の現場にいたひとの手記、つまり「わたしはそこにいた」という目撃談の記事は文春の十八番《おはこ》でしたから、そのカメラマンを捉まえて取材しろと編集現場に命じたのですが、残念ながらとうとう捉まりませんでした。

池上　あのときの映像は、まあ、当然ながら西ベルリンからのもので、大勢の人がよじ登って壁の上にいる。その足下の壁に落書きがいっぱいある、そんな映像ばかりでしたね。

半藤　わたくしはこの出来事にびっくりして、事情通にすぐに聞いてみた。すると東ドイツ国家評議会議長（国防評議会議長を兼任）のエゴン・クレンツが、壁の周辺で不穏な動きがあることを電話で知らされていた。どうやら東ベルリン市民が壁を壊して乗り越えそうだということを。

で、どうすべきかを問われたところ、クレンツは市民たちの好きなようにさせろと言ったらしいです。国家警察官は市民に手を出すなと。この話を聞いてわたくしは確信いたしました。つまり、天安門事件での「ことによると……」という憶測が、ベルリンの壁崩壊で「世界の秩序は変わるぞ」という確信に変わったというわけです。冷戦構造というような形で保ってきた世界の枠組みや構造は明らかに変化する。どう変わるかまでは、見当がつかなかったのですがね。

＊天安門事件……民主化運動を容認した中国の胡耀邦国家主席が失脚し、二年後の平成元年（一九八九）四月に亡くなった。これをきっかけに民主化を求める学生・市民が大挙して北京の中心である天安門広場に集まり、各地で大規模なデモが頻発。鄧小平元主席がこれに激怒し、民主化運動の制圧にのりだした。五月二〇日、北京に戒厳令を布告。そして六月四日、天安門広場に集まっていた学生・市民にむけて銃撃しこれを鎮圧した。犠牲者の数は、中国当局は二百数十人としているが、民主化運動側からは数千人ともされる。

生きている間にベルリンの壁が崩壊するなんて思わなかった

半藤　池上さんはベルリンの壁崩壊のときは何をされていましたか？

池上　あのときは首都圏ニュースのキャスターでした。あの夜は自宅でテレビ中継を見ていたんです。壁に大勢のひとがよじ登って壊している実況映像を見ているうちに、涙が出てきた。
半藤　たしか夜の九時頃でしたよね。
池上　そうでした。まさか生きている間に、ベルリンの壁が崩壊するなんて思わなかった。
半藤　思いませんでした、わたくしも。当時の日本のジャーナリズムは、天安門もベルリンの壁崩壊も、ショックとして受け止めたことは受け止めた。けれど、これは世界秩序の崩壊だとして、このあと世界はどう変わり日本はどうあるべきかを、真剣に議論しようとしてはいなかったのではないですか。こうして世界が変化をはじめたのに、わが日本国はどうであったかと言うと、まだバブルの美酒に酔っていたんです。そのベルリンの壁の壊れた翌晩にはもう、わたくしは銀座で祝杯をあげていたんですから（笑）。
池上　ただ、フランシス・フクヤマ（元米国国務省のスタッフ／日系三世の政治学者）が『歴史の終わり』（平成四年／一九九二年刊）という本を出しましたでしょう。
半藤　あ、そうそう。
池上　これまでの東西イデオロギー対立の歴史は終わった。自由民主主義・自由主義経済の西側が完全に勝利して対立の「歴史が終わり」だというのです。そんなに簡単なものかなあ、と思いましたけどね。

半藤　わたくしも、あまりにも簡単すぎるじゃないか、完全勝利なんておかしいんじゃないかと、かれの主張には違和感を覚えたひとりです。

世界秩序の崩壊を理解できなかった日本人

半藤　わたくしは壁崩壊の翌年、平成二年（一九九〇）の暮れ、東西ドイツ統一からまだ間もないベルリンに見聞に出かけて行ったんです。ベルリンに滞在すること一週間の旅でした。そのときはもう壁はなかったのですが、壁の残骸を売っていましたよ。

池上　じつはいまも売っているんです。いまのはそうとう怪しいです。コンクリートにペンキを塗ってハンマーで壊せば、「ベルリンの壁」と言われてもほんとうかどうかわかりませんから（笑）。

半藤　わたくしの行ったときに買った壁のかけらはまだ本物だったと思いますよ。けっこう高かったです。しばらくウチに飾っておいたんだけど、そのうちどこかへ行っちゃったなあ。

　ブランデンブルク門のそばにはまだソ連兵が立っていました。第二次世界大戦でベルリン解放のために戦って死んだソ連兵の慰霊塔がありましたから、そこをソ連兵が剣付き小銃を抱えて警護していたんです。

池上　ベルリンが東西に分かれて東側はソ連側になったのに、あの慰霊碑がある場所は西ベルリン側なんですよね。初めて見たときに、「あれ？　ここは東ベルリンだったっけ」とついついあたりを見回してしまったことを覚えています。あの光景は不思議な感じでした。

半藤　そう、ブランデンブルク門の手前ですからね。あの慰霊塔はどうなったでしょう。

池上　立派な塔はいまもそのままあります。ついこの前、改めてまた見てきました。正式には「ソビエト対独戦勝記念碑」。碑の裏側には、戦死したソ連将兵の名前がたくさん彫ってあります。

半藤　そうですか。当時わたくしの案内をしてくれたのはベルリン駐在の新聞記者だったのですが、以前は警備が厳しくて足なんか踏み入れられなかったらしいです。そばへ寄るだけでソ連兵が拳銃を構えてこっちに向ける。ものすごくおっかなかったそうですがね。

そこへわたくし入っていったんです。さすがに撃たれはしないだろうと思ったけれど、怒られるかしらと思いきや、かれらは黙って見ているだけでしたね。もうソ連兵は意気消沈したようになっていました。こんな調子じゃ、ソ連はもうダメだよと思ったもんです。

池上　いまはもちろん警備はしていませんけれども、慰霊碑、顕彰碑はそのまま残っていて、定期的にロシア軍が来て「捧げ銃」をやったりして、先輩たちの慰霊をやっています。ドイツ国内にはこのほかにもソ連の対独戦勝記念碑などがあるそうです。

半藤　つまり、いまなおドイツはロシア兵を入れているわけですね。なおかつ戦争に負けた相手の「戦勝記念碑」を国内にいくつも残しているということですか。

池上 ええ、慰霊のためにやってくるロシア兵を入れていますね。戦争に負けたこと、間違った戦争をしたということを、相手の「戦勝」を形としてあえて残すことで、後世に教訓を示しているのだと思います。

半藤 はあ、そうですか。あれはもう壊したかなと思ったのですが。じゃあ、いまはあれがベルリンの壁の名残りだね（笑）。

まあ、それはともかく。じっさいソ連邦はこのあと崩壊します。わたくしが行ってからちょうど一年後の平成三年（一九九一）のことでした。

池上 崩壊のきっかけはエリツィンのクーデターでした。大統領のゴルバチョフ率いるソ連邦を放っておいて、独立国家共同体、いわゆるＣＩＳをつくってしまう。

半藤 ゴルバチョフにはなんの相談もせず勝手にやったんでしょう、あれは。

池上 ええ。ロシアとウクライナ、そしてベラルーシ。ベラルーシは当時まだ白ロシアと言っていましたが、それら三つの共和国だけで独立国家共同体をつくってしまった。

半藤 ベルリンの壁が崩れる前後、東欧の社会主義が次つぎとドミノ倒しのように崩壊していった。無血革命です。そういう大転換を欧米は目の当たりに見ていた。ところがわたくしたち日本人はと言いますと……。少なくともわたくしは文藝春秋役員として、これは重大なことが起きているぞと訓示を飛ばした覚えがない。平成の始まりとともに世界がガラッと変わったことを日本人はまったく理解しなかったというのは、これ、何だと思いますか。

池上　日本では昭和六十四年（一九八九）に昭和天皇の崩御があり、それにともなって元号が変わった。間をおかずバブルが弾けて内向きになっていくんです。世界の動乱に目をこらして考えるどころではなかった、という感じでした。

半藤　前年からのリクルート事件がまだ終わってなかったし、四月から消費税が導入されて、一円玉が不足だなんだという騒ぎがあった。参議院選挙で自民党が社会党に負けて永田町には衝撃が走った。やっぱり関心は内向きだったのですね。年号が変わったときは、やっぱり何かが変わる。そのときわたくしたちはろくに考えもしないで、世界を見ようともしないで、平成はそれまでの昭和の延長線上にあるものだと思っていました。

＊ＣＩＳ……Commonwealth of Independent States、独立国家共同体。平成三年（一九九一）十二月八日、ロシア、ウクライナ、ベラルーシの三カ国首脳がその結成を宣言した。つづく十二月二十一日には、ソ連邦に属していた十一カ国がこれに加盟する。

宮内庁から崩御をリポートする原稿に込めたひと言

池上　天皇の崩御についてお話ししますと、昭和天皇が昭和六十二年（一九八七）の春頃から体調を崩して、九月に開腹手術をしています。いずれ遠からず昭和は終わる。「Xデイ」です。当時メディアは昭和の終わる日のことを「Xデイ」と言ったんですね。NHKには「昭和史プロジェクト」が密かにつくられスタートしていました。わたし、その仕事で昭和最後の一般参賀に行ったのですが、昭和天皇が「わたしの身体のことをみんな心配してくれてありがとう」と言ったのを聞きました。

その翌年（昭和六十三／一九八八）の九月十九日に、昭和天皇が吹上御所で吐血して倒れた。で、突然、行け！　と言われて宮内庁に行き、それからずっと宮内庁詰めです。昭和六十四年（一九八九）の一月七日、つまり亡くなるまで宮内庁にいました。

半藤　そうでしたか。「百十一日の闘病」と言われた、あの期間を。九月十九日以降、いわゆる自粛が日本全国ではじまりましたね。

池上　宮内庁担当の記者は、各社だいたい二人ずつぐらいいたでしょうか。天皇陛下が突然倒れた。さあ、これからどうなるのかというので、各社の記者が宮内庁幹部へ話を聞きに行く、いわゆる「夜回り」をはじめるんです。いっぽう東大病院の侍医。そっちにも夜回りが必要となって、放送の記者リポートをする要員がいなくなった。というわけで、急遽わたしにそのお役目がまわってきましてね。朝の五時から皇居内の宮内庁前で中継しました。五時、六時、七時と担当しました。

午前一〇時に宮内庁の総務課長がその日の昭和天皇のご病状、容態について発表するんです。体温、それから血圧と心拍数と呼吸数の三つの数値を言って、そして下血があったとか、なかったとかいう話をします。それを一〇時のニュースに入れろと上から指令が入った。当時一〇時のニュースはたった五分間だったんです。ムチャ振りでしょう（笑）。

一〇時きっかりに記者会見がはじまると、わたしはそれを聞くが早いか飛び出して、ダッシュで階段を駆け下りる。トップニュースはその日ごとのニュースをやるのですが、二本目にこの「本日のご病状」が間に合わなくてはなりません。宮内庁から駆け出てきたわたしをカメラが待ち構えているところに滑り込んで、「今日の天皇陛下のご容態は……」とリポートします。

正午のニュースまでやったら、今度は午後の要員と交代。で、午後の要員がずっと中継をし、七時のニュースはまた別の人が出てくるという按配でした。三人がかりで、二十四時間の記者リポートをカバーした。そして、何かトピックがあるとかつて宮内庁詰めだった橋本大二郎（のち高知県知事）が「NHKニュースTODAY」のキャスターとして、スタジオで解説をするというスタイルでしたね。

半藤　そりゃご苦労なことでした。ところで昭和天皇は何時に亡くなったのでしたか。

池上　一月七日の早朝です。午前六時三十五分に天皇の「危篤」が発表されました。「午前四時過ぎ、ご危篤の状態になられました」という発表だったのですが、じつはそのときはもう亡くなっていたんです。七時五十五分になって宮内庁と首相官邸でそれぞれ崩御が発表されましたが、死亡時刻は午前六時三十三分と公表されました。

半藤　わたくしもあの日のことはよく覚えています。昭和六十四年（一九八九）一月七日は土曜日でした。たしかテレビ朝日だと思いましたが、天皇陛下が亡くなったらただちに来てくれと前もって頼まれておりました。昭和とは何であったかという長時間番組をやるということでした。わかった、じゃあ出ましょうと。ところが折り悪しくと申しましょうか、わたくしの女房の姉さんが亡くなって、ちょうどその葬式の日だったんです。

池上　ということは、夏目漱石の長女筆子さんの娘さん。

半藤　ええ、漱石のいちばん最初の孫です。女房の姉の葬式でした。朝のニュースを聞かずに家を出ておりましたから、式の最中に天皇陛下が亡くなったことを聞かされて知りました。葬式が終わってそのまますぐ、テレビ朝日に飛んで行ったんです。出演者はわたくしを含めて五人だったのですが、ほかの四人がわたくしの姿を見てね、「喪服を着ていらっしゃる。じつに立派。偉いもんです」と褒めましたよ。「臣・一利ですね」と冷やかされた（笑）。昭和天皇に「臣・茂」と称した吉田茂じゃあるまいし、「そうではないよ、葬式帰りなんだよ」と事情を説明して笑いましたがね。池上さんはどのように？

池上　正午のニュースのトップでわたしが宮内庁から中継をすることになりました。わたしはまだ下っ端でしたから、宮内庁に応援に来ているデスクが、わたしが書いた原稿をあらかじめチェックするんですね。このとき原稿の冒頭あたりに、「夜来の雨が上がり」という文言を書いたら、「こんなものは要らない。削れ」と言われてしまった。

半藤　朝方、雨だったんですよねえ。

池上　そうです。わたし、これは残したいとデスクに抵抗したんです。NHKの中継リポートですから感情を込めちゃいけない。客観的にやらなきゃいけないわけです。悲しいとか、残念だとか、そういうことは視聴者が判断することで、わたしが言うことではない。とはいえ、いろんな思いがある。それを「夜来の雨が上がり」に込めた。わたしが激しく抵抗したものだからデスクがついに諦めた。「しょうがない、そのままやれ」ということになりました（笑）。

半藤　池上さんはあの日の正午のニュースに出たんですね。

池上　はい。わたし、大晦日は宮内庁の記者クラブに泊まり込んでいたんです。

半藤　いよいよ危ないという情報がありましたからね。

池上　そうです。いつ、どうなるかわからない。宮内庁の記者クラブで「紅白歌合戦」を記者仲間みんなで見ていました。「ついに昭和六十四年が来るのか」と少々感慨深く思ったのを覚えています。

そうそう、記者仲間で思い出した。時間が前後しますが、昭和六十三年（一九八八）の夏に天皇陛下の体調不良が顕著になったときには、まだテレビ局も新聞社も準備ができていなかったので、各社、こりゃたいへんだということになった。腕っこきと言いますか、精鋭部隊をみんないっせいに宮内庁に送り込んだんです。最初はすごい数でした。ところが、まさにその頃からリクルート疑惑が大ごとになっていく。これ同時進行なんです。

＊昭和最後の一月七日……崩御の発表後、午前八時には外務省がすべての在外公館に天皇崩御と新天皇即位を至急電で伝達。それぞれ駐在国当局へ通知した。同八時二〇分過ぎには政府は臨時閣議をひらき、天皇崩御と皇位継承を内閣告示した。その後、小渕内閣官房長官は国や地方の各機関が六日間の弔旗掲揚、服喪することを発表。あわせて国民、一般企業・組織へ歌舞音曲をともなう行事の自粛をよびかけた。一月八日からの元号「平成」が発表されたのは午後二時三十六分。

小選挙区制導入のきっかけはリクルート事件だった

半藤　最初は川崎市の助役がリクルートの子会社、リクルートコスモスの未公開株を密かにもらって、株式公開後に売り払って利益を得たというスキャンダルでした。ところがこれが、あっというまに中央政界に飛び火した。政財界を揺るがす大事件になっていきましたね。

池上　記者にもいろんなタイプがいて、宮内庁に送り込まれた記者のなかには、いわゆる事件屋というひとたちがいました。事件に強い記者は、この頃から櫛の歯が欠けたようにいなくなった。リクルート事件の部隊に応援に行くわけです。

半藤 このリクルート事件では、政財界あわせて十六人が辞職や更迭に追い込まれた。初めて消費税を導入する大蔵大臣の宮沢喜一が年末に辞職しますし、翌平成元年（一九八九）五月に藤波孝生元官房長官らが収賄で起訴されました。余波を食らって翌月には竹下登内閣が総辞職です。

このリクルート事件がいまの小選挙区制を生むきっかけとなるんです。当時の衆議院でとられていた中選挙区制だと、広い選挙地盤を遺漏なく維持・運営、選挙準備していくのにカネがかかってしょうがない。ゆえにこういう事件が起きるのだ、と。カネのかからない政治に変えるために小選挙区制にしようということだったわけですが……。

じつはわたくし、あのとき小選挙区制に猛反対をしたひとりなんです。何か原稿を頼まれると反対理由を一生懸命書いていました。ところが新聞記者もテレビのひとも、小選挙区制のほうがいいという意見ばかりで、あんまり賛同してくれなかったような感じでしたねえ。

池上 さらに言えば、リクルート事件のあと、平成四年（一九九二）に東京佐川急便事件が起きた。自民党の金丸信前副総裁が佐川側から五億円もの闇献金を受け取っていたと指摘された。検察から事情聴取を要請されるのですが、いっさい応じない。とうとう政治資金規正法違反を認める上申書を提出することで、罰金二〇万円の略式命令で済ませてしまった。この件で検察はずいぶん世間から叩かれたんです。

その後、脱税容疑で金丸はついに逮捕されるのですが、その際、捜索先から金の延べ棒が出てきたり、日本債券信用銀行の無記名債券、「ワリサイ」が大量に見つかったりした。隠し資産ですね。日本長期信用銀行が出した無記名債券が「ワリチョー」で、日債銀のは「ワリシン」。あと、日本興業銀行が出していたのが「ワリコー」。当時記者仲間で言っていたのは、「ワリサイ・ワルサイ・カネマルシン」（笑）。

半藤　東京佐川急便のヤミ献金を受け取っていた政治家は金丸のみならず、与野党問わずでしたし、かつ巨額でしたね。それから裏社会との関係も表に出てきた。

池上　あれが決定打でした。いまの中選挙区制ではやっぱりカネがかかりすぎるよと。

二党政治が日本を戦争に向かわせたという歴史

半藤　小選挙区制の弊害はいくつかあるのですが、いちばんわかりやすく言うと、小選挙区制はヒトラーを生むということなんです。ヒトラーはワイマール憲法に則って、合法的に独裁者になりおおせた。なかなかヒトラーのナチスドイツは第一党になれなかったのですが、まさに小選挙区制と比例代表制を利用して党勢を広げたんです。

池上　おなじ小選挙区比例代表選挙なんですが、ドイツは小選挙区比例代表併用制で、日本は比例代表並立制。併用と並立では、最終的な議席占有率が大きく異なってきます。ドイツがとっている併用制は比例代表選挙が優先で、日本の並立制は小選挙区選挙が優先です。ドイツでは政党の得票率でまず議席数配分が決まります。これだと死に票があまり出ない。このあと、小選挙区で勝った候補から議席を割り振り、政党の獲得配分議席数を超えて小選挙区で勝っていれば、当選者として議席が与えられます。すると定数を超えて当選議員が発生することになる。

日本がとっている並立制は、小選挙区選挙と比例選挙がそれぞれ定数をもっています。比例のほうは獲得票に文字どおり比例していますので、死に票はないと言えますが、小選挙区では大量に死に票が出る。比例の得票率が三割でも最終的な議席占有率で七割近くを占めることにもなります。

半藤　ナチス党の議員比率があっというまにダーッと増えたのは、プロパガンダや締め付けがあったことも原因ですが、小選挙区制の恩恵、それが大きかった。この選挙制度はよくないと、いくら一生懸命言ってもダメでしたね。ここをあんまり当時の日本人は論じなかった。

池上　あのとき、「政治改革」が正義でそれに反対するのは「守旧派」あるいは「抵抗勢力」とレッテルを貼られた。「改革に反対する者たち」と括られて。

半藤 わたくしもそう言われました（笑）。二党政治というのは日本人に向かないと、かねてわたくしは思っていました。戦前の日本は民政党と政友会の二党政治でした。野党になったほうは、ときの政権をひっくり返そうと思ってしばしばおかしな勢力と結びついた。昭和初期に政友会と結びついたのが軍部と右翼でした。そしてやがて、軍部は政友会を利用しつつ好き勝手をはじめてこの国を戦争へと向かわせることになるんです。と、いうような歴史があるのだから日本の二党政治は怖いよ、と言っても、おっしゃるように「守旧派」呼ばわりされてしまう始末でね。

池上 イギリスやアメリカのように対立する二党による政権交代があったほうがいい、という論調がたしかにメディアでも強かった。日本は中選挙区制だからずっと政権交代が起きないのだと。小選挙区制にすれば大量の死に票を出すことにはなるけれど、そのことよりも、どちらかが勝つという仕組みのほうがいい。そう言って制度を変えるわけですよね。

じつはその頃イギリスでは、保守党と労働党だけではなく、第三の勢力として自由民主党が出てきていました。二党ではかならずしもうまくいかないということが明白になっていたからです。にもかかわらず、日本では政権交代可能な二党が、競い合うような制度がいいと信じられていた。アメリカだってそうじゃないか、共和党と民主党で代わる代わる政権を担当しているよと。なんとなくこう、海外はこうなっているから日本もそうすべきだ、というような発想や主張は根強くありますね。「世界に遅れるな」とばかりに。

「細川は近衛と同じだからダメ」と思っていたらそのとおりに

半藤　「世界に遅れるな」は明治以来のスローガンです。天皇崩御、リクルート事件ときてそして……。

池上　平成五年（一九九三）に政権交代が起きた。リクルート事件で竹下内閣が倒れた。そのあとを継いだ宮沢喜一内閣は、やるやると言っていた政治改革ができなかった。期待がはずれて「嘘つき宮沢」と言われ、ついに内閣不信任案が可決されてしまう。衆院解散です。ガタガタになった自民党は分裂をはじめるんです。武村正義がとびだして新党さきがけをつくると、小沢一郎が四十四人を引き連れて新生党が誕生。

　衆院解散のひと月後に行われた総選挙で新生党や日本新党が議席をのばし、自民党と社会党主導の、いわゆる五五年体制が崩壊する。そして政権交代となった。

半藤　細川護煕内閣が誕生するんですよね。

池上　反自民の政権ができたのは自民党が負けたから、というふうに思われていますが、実際には、自民党の議席数はほとんど減っていなかった。つまり、その前に分裂しちゃっているから。旧自民党を合計すれば、あまり変わらない。あのときいちばん減ったのは社会党でした。

ですからほんとうは野党が負けた。自民党は勝たなかったけど負けなかった。

半藤　ただ、大勢力が分かれただけだ。

池上　ところが選挙のあと、小沢一郎が「おッ、自民党は過半数を割っているぞ」と、共産党以外の八つの政党・会派が一緒になれば、過半数になれるということに気がついたんです。さあ、どうしよう、アタマに据えるひとが要る、と。ここは見映えのいいひとがいいだろうと考えた。日本新党ならば小さな党だからコントロールしやすいし、党首の細川護熙は若くて見映えがいい。かれをトップにして政権をつくろうと小沢は仕掛けた。

半藤　世論は、あのとき応援しましたね。

池上　応援しました。なにしろ細川護熙さん、おしゃれでかっこよかった。

半藤　細川護熙は、世が世ならば肥後藩細川家の藩主。なおかつ由緒ある五摂家筆頭近衛家の、近衛文麿の外孫です。日本の世論は、断然支持していましたね。細川は近衛さんとおなじタイプだからダメだと、わたくしは言っていたのですがね。

池上　半藤さん、早い段階でそうおっしゃっていましたね。細川護熙が表舞台に出てきたときに、昭和史を知っているひとはみな、「近衛とおなじように途中で投げ出すのじゃないか」と心配しました。のちにほんとうにそのとおりになるのですが、登場したときは颯爽たるものでした。

ＡＰＥＣのときにはマフラーをふわーっとなびかせてあらわれた。背が高いから並んでも海外の首相に引けを取らない。それまでの総理大臣はずんぐりむっくりだったり、外国の首脳よりアタマひとつ分背が低かったりして、要するに冴えなかった。でも細川さんを見て「やっと世界と対等になれる、見映えのいいトップが出てきた」と多くの日本人が喜んだ。

半藤　かっこよかったですもの、ほんとうに。

池上　かれ自身、テレビ映りのことをよく考えていましたね。たとえば総理記者会見。かれは自信のある顔の右側を撮ってもらいたい。なので、右側をカメラが映すように入り方を考えるんです。それまで総理大臣は椅子に座って応答していたのだけれど、立って記者会見をしたのは細川さんが初めてです。質問する記者を当てるときにはボールペンでスッと指す。

半藤　かっこよかったよね、あの仕草。

＊五五年体制……保守と革新が対立し硬直した政治をつづけた状況を、この体制が生まれた一九五五年にちなみこう呼んだ。
　吉田茂と袂を分かった鳩山一郎は、保守陣営をまとめて民主党をつくり自主憲法制定・再軍備をかかげて組閣する。しかし直後の選挙で過半数をとれなかった。いっぽう左派社会党と右派社会党は、合計議席で民主党に拮抗したことで再統一の道を選択した。これが一九五五年総選挙後の十月十三日のこと。社会党の再統一をうけて、保守政党側も民主党と自由党が合同して自由民主党をつくった。保守側は憲法改正に必要な三分の二

議席の確保を目指し、社会党はその阻止のために三分の一の死守を目指す。おたがい綱引きの政治体制ができあがり、これが長くつづくことになる。

＊APEC（エイペック）……アジア太平洋経済協力（Asia Pacific Economic Cooperation）のこと。アジア太平洋に位置する二十一の国と地域が参加する経済協力の枠組み。

政治家の人気が「見た目」「テレビ映り」で決まるようになった

池上 そして政治家としてプロンプターを初めて使ったひとなんです。日本のテレビ局は使っていましたが、日本の政界ではまだ使うひとがいなかった。アメリカの政治家はかならず使っていましたが。アメリカの大統領は、オバマでもトランプでも、演説するときには手もとの原稿を見ないでしゃべっていますよね。じつは演壇の左右にガラスの板が斜めに据えられている。カメラや聴衆の側からは単なるガラスに見えるのだけど、実際はそのガラスに演説原稿の文字が映るんですよ。プロンプターと言います。いま安倍晋三さんもそれをやっていますが。

半藤 ほう、安倍さんも。

池上 国会ではやっていませんけれどテレビ演説のときはやっています。それ以外のいろんなところでの演説でも。別の場所でスタッフが、読むスピードに合わせて原稿を下から上へとスクロールしているんです。左右おなじ原稿が映し出される。ですから、顔の向きを変えてもおなじ原稿のつづきが読めるというわけ。いちおう礼儀として、テレビカメラはそのプロンプターが映らないように撮っていますがね。

だからオバマもトランプも、常に右を向いたり左を見たりしながらしゃべっているでしょう。正面に向かってはしゃべらない。真ん中にはプロンプターがないですから。

半藤　ああ、そうなんですか。わたくしは、右と左、両方にちゃんと顔を向けながらしゃべるのが演説の極意だと思っていましたよ。聴衆を飽きさせないために、そうしているのだな、と。真っ直ぐ前だけを向いていたんじゃダメなんだと思って、わたくしもその昔講演をしていたときはそれに倣って右見て、左見てと（笑）。

池上　飽きさせないように、というのはまったくそのとおりなんです。ちなみに、共和党や民主党の党大会のときには、左右だけじゃない。真正面の、観客のずっと奥の、いちばん遠いところにものすごく大きな文字で出るので、左右のみならず真正面を向いてもしゃべることができるようになっています。その仕掛けを使って日本で初めてやったのが細川さんでした。

いま、たとえば夜の七時のニュースでも、ＮＨＫのアナウンサーはカメラを見ながら話していますでしょう。アナウンサーは暗記してしゃべっているわけではないんです。カメラのところに原稿が映っている。

半藤　そうですか。みなさんよく暗記しているなと感心していたんだけど（笑）。いずれにしても、細川護熙登場のあたりから、テレビ映りの悪い政治家は人気がなくなっちゃうんだよね。

池上　よく、自民党の代議士の、「魔の二回生」と言いますでしょう。ざっと顔を見回すと、けっこうイケメンが、女性には美人が揃っています。要するにかれらは、「二世、三世議員はいけない、世襲はよろしくない」ということで、選挙に向けて公募されたひとたち。能力のある者を候補者にしようというタテマエで一般公募するわけですが、イケメンや、ちょっときれいな女性が面接にやって来たりすると、「おっ、人気が出そうだ、いいじゃないか」と顔で選ばれたりする。じつはそういう人たちが次つぎにスキャンダルを起こしている。

半藤　比例代表並立制を利用して出てきたひとのなかからも問題児が出ています。見た目への偏重がもたらした弊害でしょうかね。近年、小沢一郎の人気がなくなってきたのは、そのせいもあるのかなあ（笑）。

池上　たしかに昭和の時代の政治家は、顔はどうでもよかった。しかしいまの時代、それではダメなわけですよ。安倍晋三にしても、官房副長官として小泉純一郎と一緒に北朝鮮に行ったあとで急に人気が高まったのは、けっこう見映えがよかったせいです。北朝鮮に非常に強硬なことを言ってくれたということもあったけれど、それのみならず、でして。

半藤　たしかに当時はプリンスって言われていましたね。いまはだいぶ草臥《くたび》れて薄汚れてきちゃったけれど（笑）。

池上　あの当時はけっこうよかったんです。

＊「魔の二回生」……平成二十四年（二〇一二）、野田佳彦民主党政権の求心力が低下し、小政党が乱立したなかで解散・総選挙が行われた。それが第四十六回衆議院選挙。この選挙で初当選し、二年後の第四十七回衆議院選挙でも当選した自民党の国会議員がその後、あまりにもスキャンダルを起こすので、このように呼ばれた。

選挙制度改革が平成日本の最初の岐路だった

池上　テレビ映りのよさでいちばんの人気を集めたのが細川護熙で、演説で人びとの心をつかんだのが小泉純一郎でした。

半藤　小泉さんの演説は、短い言葉でポンポンポンと。ときには間違ったことでも平気でポンポンとやるから、聴いている人にはほんとうに思えてしまう。越後長岡の「米百俵」のことなど、まったく見当違いのことを言ったのですけど、ひとはそっちのほうが真実かと思いこんでしまう（笑）。

池上　そう、「痛みに耐えてよく頑張った。感動したッ」みたいなね。あの語法はサウンドバイトと言います。サウンドは音、バイトはかじるという意味ですね。政治家が二分、三分ダラダラと、切れ目なく演説をしていると、テレビはその演説を使いにくいんです。ですからアメリカの政治家は、かならずと言っていいほど演説原稿のなかに二〇秒か三〇秒という切れ目をつくる。するとテレビはそのなかからポンとおいしいところだけ使える。小泉純一郎の演説はテレビが使いやすかった。

半藤 新聞の見出しにもなりやすいんですよね。小泉さんがサウンドバイトとやらを最初からほんとうにわきまえていたかどうかはともかく、そのうちにかなり意図的になったとわたくしは思いますね。

池上 小泉さんは単に語彙が少なかっただけだという説もあります(笑)。明らかに語彙は多くない。というのも総理を辞めたあと日本経済新聞社から、かれが記者のインタビューに答えて好きな音楽について語った本が出たんです。その内容はと言うと、「あの曲は素晴らしい。あれは素敵だ。あれは感動した」。そういう表現ばかりでどこがどう素晴らしいのか、なんで感動したのかという話がない。ほんとに語彙が少ないのだな、と納得しました(笑)。

半藤 平成の出だしは世界の大転換期でしたが、日本はいまのような話がつづいていて、国内問題だけでワッショイワッショイと。

池上 社会主義陣営崩壊の余波で五五年体制が終わり、「政治改革」の名のもと選挙制度改革が行われた。平成日本の最初の岐路は、それまでの中選挙区制をやめて、小選挙区比例代表並立制を選んだことです。「見た目偏重」や「テレビ映り重視」もそれに付随して生まれたものでした。

小選挙区比例代表並立制に自民党が組み込んだ仕掛けとは?

池上　ここでちょっと立ち止まって、小選挙区比例代表並立制の成立過程をおさらいしておきましょう。

細川護熙政権がこれを導入したわけですが、当初政府は二五〇対二五〇という案を出した。つまり小選挙区と比例代表の比率を同等にしようとした。これに反対したのが与党を組んでいた当時の社会党の議員たち。社会党はそもそも選挙制度を変えることに反対だったんです。衆議院では賛成多数で可決されるのですが、参議院では与党社会党からの造反が起きて否決されてしまった。これに対して自民党は、三〇〇対二〇〇という自分たちに有利な案を出していました。

半藤　小選挙区三〇〇、比例代表二〇〇という最初のかたちですね。

池上　あのとき社会党に対して細川首相は、「あくまで反対をつづけるなら、自民党案を丸呑みする。そんなことになったら社会党に不利ですよ」と翻意を促しています。けっきょく細川首相の説得は実らなかった。参議院で否決されて自民党案を呑まざるを得なくなったというわけです。

世論をより反映させるには、二五〇対二五〇という、当初の細川案のほうがよかった。それであれば野党の党勢は存続できていた可能性が高いですね。社会党も、いまのような体たらくにならないで済んだかも。

半藤　なるほど。返すがえすも愚かなことでしたね。

池上　この選挙制度の導入にあたっては、自民党はさらなる仕掛けをしました。最初は「全国の比例代表」にするという話だったのですが、そうなったら、党員はじめ支持者はかならず選挙に行く共産党と公明党が、一定の、あるいはかなりの票をとることになる。共産党や公明党に票をとらせないようにするためにはどうすべきか。ブロックごとの比例にすればいいんだと考えた。比例区の範囲を狭めれば死に票が増える。小政党に不利なんですね。ブロックを十一に分けたのは、共産党と公明党が増えないようにするための仕掛けだったんです。当時の公明党は反自民でしたから。

半藤　そうか、言われてみればブロックにしたのはあとから考えたことだった。やっぱりその道のプロ、知恵者がいるんですね。

池上　それからもうひとつ。選挙運動での戸別訪問を認めようという議論もあった。欧米では戸別訪問ＯＫが主流です。イギリスもアメリカも認めている。支援者がボランティアでやるから金もかからない。途中までこれを認めようということになっていました。ところが自民党はここでもまた、ちょっと待て、と。戸別訪問を認めたら、共産党と公明党が有利になるじゃないか、と反対した。

半藤 戸別訪問は各地に組織をもっているほうが圧倒的に有利ですからね。

池上 ええ。最後の最後になって認めないということになったんです。宣伝カーが街を練り歩いて候補者の名前を連呼するというあのスタイルは、戸別訪問ができないからです。日本ではずっと開発途上国並みのことをやっています。

それからもうひとつ。投票用紙への記入方法です。日本は自書式ですよね。自分で候補者の名前を書く。ほとんどの場合、世界では候補者の名前が書いてあるシートにチェックを入れるようなスタイルです。これも自民党がそのやり方に反対した。投票用紙にほかの名前が出ていたら浮気心を起こして野党候補者の名前に印をつけるやつが出るかもしれない、というわけです。

半藤 一生懸命名前を連呼して「この名前を書いて!」とやっているのが、無駄になるということか。なんとセコイ理屈。いずれにしても選挙制度を少しでもマシなものにするためには、配分を二五〇対二五〇に変えたらどうかと、いまはそれを言うよりしょうがないのかしら。

池上 でも自民党は認めないでしょうね。そんなことやったらみすみす自民党議席を減らすことになりますから。

政治家が政党のロボットになるという、政治の劣化

半藤 こうして眺めてみると、やっぱり小選挙区比例代表並立制の導入は、平成日本の岐路でしたねえ。

政治家がすっかり政党のロボットになっちゃった。死に票が山ほど出て選挙が民意を伝えるものではなくなってしまった。よく主権、主権と言いますがね、主権には二種類ある。国内的な政治主権と、外政的な政治主権です。北方領土返還交渉のさなか、プーチンが安倍総理にこう言いました。「そこにアメリカの基地など決してつくらせないと言うけれど、沖縄で新基地建設反対があれだけ叫ばれているというのに、政府与党はそれを無視しているじゃないか」と。つまり日本はアメリカの要求に逆らえない国なのだから、なんでもイエスなんだから、北方領土でもまたおなじことになるという疑念を示した。それが意味するのは、安倍首相の国内的政治主権というものは、ぜんぜん国民に説得力がないということなんです。

プーチンが指摘したように、日本の政府与党は、選挙で勝ったら好きなようにやっていいのだとばかりに世論なんか無視している。わたくしに言わせりゃ、もとはと言えば小選挙区比例代表並立制のせいなんです。

池上 たしかにこの国の政治の劣化をまねいた一因だと思います。しかし、とあえて言うなら

ば、それによって民主党政権ができ、政権交代が行われた。そして民主党がコケて、また自民党が政権をとって代わった。政権交代は起きるようになったんです。いまの選挙制度にした結果、二回の政権交代が起きたとも言える。そのいっぽうで野党が総崩れになってしまったわけですが。

半藤　事実上もう政権交代はあり得ないですよ。だって、こんなに投票率が低いのですから。投票率が五〇パーセントを切っている小選挙区で、勝者が生まれているという状態なんです。選挙に関心のない国民に政権交代なんかできるはずないんです。

池上　よほどのことがないかぎり、小選挙区比例代表並立制は、当分このままでいくことになる。つまり選挙制度というのは、その選挙制度で選ばれた国会議員たちが決めることなので、変えるのは非常に難しいんです。

半藤　政治家は自分たちが損することはやりません。自民党の分裂もこれがもとで起きたことでしたから、まあ、どれほどたいへんなことかはわかりますがね。

あのとき国民投票をしたら田中眞紀子総理が誕生していた

池上　選挙制度についてひとつ確かなことがあります。それは、直接選挙で自分たちの代表を選ぶということの是非については、よくよく考えなくてはならないということ。直接選挙の結果、アメリカではトランプ大統領が生まれた。あるいは、世論に賛否を問うことにした結果、イギリスのEU離脱が決まってしまった。

じつは、EU離脱手続きを進めることに対して裁判所からストップがかかったんです。イギリスは議会制民主主義の国だから、国の政策は議会が決めるべきだと司法が主張した。そこでメイ首相は改めて議会にEU離脱を諮《はか》った。国民投票以前の議会ではEU離脱反対派議員が多かったのですが、国民投票で世論が示されたことを受けて、みな渋々離脱に賛成したという経緯がありました。つまりあとづけで議会が決めたというかたちにしたわけですね。

だからこそ、混乱のなかで「国民投票をやり直せ」という声が上がっても、メイ首相としては、正式な手続きを経て決めたことをやり直すわけにはいかなかったのです。イギリスで起きたことを見ても、国民の直接投票によって決めるということがいかに危険なことかがわかります。

半藤　そうそう、日本でもかつて、中曽根康弘が首相公選制度を導入すべきだと言っていました。自分が総理大臣になったとたん、言わなくなったけど。小泉純一郎も言っていました。おなじく総理になって黙ったけれど。首相公選制度もおなじように危険なんです。

池上　わたしがその危険性について現実的に感じたのは、小泉純一郎内閣が誕生したときの田中眞紀子人気を目の当たりにしたときです。あのとき外務大臣だった田中眞紀子さんの人気はたいへんなものでした。あのときもし首相公選制度があったら、間違いなく田中眞紀子総理大臣が実現していたことでしょう。

半藤　なるほど、そりゃダメだね。

池上　国民投票をやると、間違いが起きることがある。その危険性がわかっているからドイツは憲法（ドイツは基本法という名称ですが）を変えるための国民投票はしていません。かつて国民が熱狂して、ヒトラーが生まれてしまったという反省から、憲法改正は議会制民主主義によって決めるべきだとしたのです。やはり民主主義というのは取り扱いに注意を要するものなんですね。わたし自身は、やはり議会制民主主義、代議制民主主義がいいと思っています。

第二章
災害で失われたもの、もたらされたもの

福島原発事故の情けなさは戦時中の東南海地震と同じ

半藤　冒頭紹介したキーワードにこだわるわけではありませんが、平成になってから自然災害が多かった。

池上　ほんとうに多かったですね。

半藤　わたくしは戦争中に子ども時代を過ごしましたが、じつは戦時中もほうぼうで地震や津波があった。ところが戦意高揚のためにほとんど報道されていないのです。そんなネガティブな情報を発表して民意がガタガタとなるのはよろしくないということで、ときの政府は徹底的に情報統制をした。

池上　そうでした。国民にはまったく知らせていなかった。敗色が濃厚になってから起きた地震としては、昭和十八年（一九四三年九月十日）の鳥取大地震、十九年（一九四四年十二月七日）の東南海地震、二〇年（一九四五年一月十三日）の三河地震。三年連続で大地震が起きていました。とりわけ東南海地震では、多くの軍需工場や学校などが焼失し、熊野灘沿岸では津波による甚大な被害を出していた。しかしご指摘のとおりこれを伏せたんですね。

たとえば名古屋あたりで人びとが被害について語っていると、憲兵があちこちにいて「そんな話をすることまかりならんッ」とやった。日本国内で大きな被害が出たということが伝わると敵国を利することになるというわけです。情報統制の背景には、被害状況が敵国のアメリカに知られることを軍部が恐れたという事情もありました。

　ところがです。アメリカ軍は、地震や津波の被害状況の詳細をその上空に飛行機を飛ばして写真に撮っていました。このときの写真をアメリカはもっています。日本には航空写真記録が残っておらず、アメリカ軍の写真でしか知ることができないとはなんとも情けない。

半藤　わたくしも戦後ずいぶんたってから、アメリカの写真で、こんなにひどかったのかと初めて知りましたよ。

池上　六〇年以上もの時間を経て平成の東日本大震災（平成二十三年／二〇一一年三月）で起きた福島第一原子力発電所の事故でも、その似姿を垣間見ることができます。というのも、SPEEDI（スピーディ）という、風向きに応じて放射性物質がどっちに流れるかを予測するシステムがあるのですが、事故当日、文科省はこれを発表しなかった。放射性物質の正確な分量がわからないというのが理由でしたが、そのせいで多くの住民は、あろうことか放射性物質が向かう方向へと避難をすることになってしまった。このSPEEDIの情報、じつはアメリカ側にはリアルタイムで伝わっていました。飯舘村のほうに風が流れているという情報をかれらは正確にいち早く把握していたんです。

半藤　そうでしたか。言われてみると戦時中の東南海地震の情けなさは、福島の原発の情けなさに通じるものがあります。ところで、戦後になってからの昭和日本では、それほど大きな災害はなかったでしょう？

池上　地震活動の平穏期だったと言われていますね。

半藤　つまり戦後から高度経済成長、バブルへと、自然が静かでいてくれた時代に昭和日本は経済発展を遂げたとも言える。ところが平成に入ってからです、恐ろしい災害が続くのは。ざっとあげます。

平成三年の雲仙普賢岳の噴火と火砕流。
平成五年の釧路沖地震と北海道南西沖地震。
平成七年に阪神淡路大震災。
平成十二年に有珠山噴火、三宅島の噴火と鳥取県西部地震。
平成十五年が北海道十勝沖地震。
平成十六年に新潟県中越地震。ちょっと省きまして、平成二十三年に東日本大震災。

*昭和東南海地震……昭和十九年（一九四四）十二月七日。翌日が大詔奉戴日（「大東亜戦争」の宣戦の詔書が公付された八日にちなんで毎月八日に制定された）であり、とくに報道が統制された。愛知県半田市の中島飛行機の工場では学徒動員の生徒多数、京都から動員されていた府立第三中学の生徒にも死傷者が出た。また名古屋市南区の三菱重工道徳飛行機工場では建物倒壊により、女子学生などに多数の死傷者が出た。

阪神淡路大震災で露呈した、衝撃の危機管理欠如

半藤　阪神淡路大震災のときの初動の出遅れがとりわけ印象に残っています。ときの村山内閣が、自衛隊を出すことを失念していた。災害救助や支援に自衛隊を送り込むことが法制化されていなかった時代だったんですね。

池上　いや、法制上総理大臣が指示を出せばできたんです。あのとき、自衛隊の出動などに関して総理大臣に助言する立場の秘書官は、警察庁から出向していた。ところがその人物、ちょうど身内の法事があって東京にいなかった。村山さん自身には自衛隊を出すという発想がなかった。あのとき閣議のあと、自民党の河野洋平総裁と村山さん、「いやあ、たいへんだ」と、一緒にNHKのテレビを見ていたというんですよ。そのとき「総理、自衛隊を出さなければいけません」と進言するひとがいなかった。

半藤　いなかった？　ひとりも、ですか。

池上　総理大臣に気づかせて、アドバイスするひとがいなかった。さらに言うと、自衛隊の救助救援は県知事が要求すれば出せるのです。しかし、あのとき貝原兵庫県知事は交通渋滞でなかなか県庁に登庁できなかった。県知事にも県庁の職員にもそういう発想がなかった。

いっぽう兵庫県に駐屯していた自衛隊は、やきもきしながら出動要請が来るのを待っていた。

そして我慢たまらず自衛隊の側から県庁に電話をするんです。で、これがまた電話が輻輳《ふくそう》してなかなかつながらない。

半藤　あのときなぜすぐ自衛隊が出なかったのか、わたくしも自衛隊をよく知る友人に聞いたんですよ。すると知事の要請か、総理大臣からの命令がなけりゃ自衛隊は動けないのだと。だからこっちから問い合わせたが、電話がごちゃごちゃして……。駐屯地のすぐそばで災害が起きて助けが必要と判断したら、自主的に救助に向かえる「近傍《きんぼう》派遣」は行われたようですが、大規模災害では要請がなければ動けない。

池上　で、ようやく自衛隊からの電話が兵庫県庁につながった。電話口に出た職員に、それで「自衛隊出動要請があったと判断してよろしいですね」と自衛隊側から言って、ようやく出動となったようです。

半藤　知事が直接要請をしたわけではなかった。そういうことでしたか。いずれにしても、遅かった。大災害にたいする準備がまったくできていなかったんですね。

池上　さらにびっくりしたことがあります。いまは国土交通省となっていますが、あの当時、国土庁という役所があったんです。地震があった早朝、気象庁は時々刻々の情報をファックスで国土庁に送りつづけていた。ところが、です。その国土庁には当直がいなかった。朝九時ぐらいに国土庁の職員が出勤してみたら、ファックス・マシンのまわりに紙の山ができていたという。驚くべきことですが、これ、事実なんです。

半藤 災害列島であるこの国には、危機管理がまったくなっていなかった。それで村山内閣の評判がガターッと落ちたんですよ。

池上 我われ報道機関にはかならず当直がいて、何か大事が起きたときにはそこが司令塔になる。一国の政府の場合、司令塔は首相官邸ですが、自然災害の所管の役所は国土庁だった。そこに当直がいなかったと知ったときは、さすがに衝撃でした。

半藤 あのとき村山さん、こう言った。「これからの日本の自然災害は人災になる」と。自分がいた官邸や役所がまさに「人災」だったとはね。以降、いろんな自然災害が起きるが「人災」と無縁の災害はありませんね。とくに福島原発事故は人災以外のなにものでもない。

文民統制の徹底という戦前の教訓が逆に……

池上 平成十二年（二〇〇〇）四月に、総理公邸で首相の小渕恵三が脳梗塞で倒れた。あのとき総理公邸に医者がいなかったんです。そもそも緊急医療体制がなかった。奥さんが主治医に電話をして、そのあと病院に入院させている。

半藤 脳梗塞は対応が速ければ助かる可能性が高いのでしょう？ 阪神淡路大震災の教訓で政府の危機管理の重要性が叫ばれていたというのに、これは、何をかいわんやですね。

池上　アメリカの大統領は、外国のどこに行くときも、かならず医者が付き添っています。平成四年（一九九二）一月に、パパ・ブッシュ（ジョージ・ハーバート・ウォーカー・ブッシュ第四十一代大統領）が来日しましたね。宮沢喜一首相主催の晩餐会の最中に倒れましたでしょう。嘔吐してとなりに座っていた宮沢さんの膝に倒れ込んだ。あのときに知ったのですが、常に救急車が待機し、訪問先で倒れた場合、どこの病院に運ぶかも決めてあったのだそうです。

半藤　そうですか。あのときはたしかに処置が速かったですよね。

池上　そう。倒れたあとが速かったんです。それにひきかえ日本政府は、驚くべき危機管理体制のなさでした。

半藤　あきれるほど、なかったんですね。

池上　なぜかと問われれば、平和だったから、と答えるしかない（笑）。

さらに言えば、小渕さんが倒れたときに後継が決まっていなかった。亡くなる前に「小渕さんが、次は森喜朗だと言った」と言われていますが、その時間にはもう意識がなかったと見られているんです。じっさいは官房長官だった青木幹雄をはじめとする〝五人組〟が密室で決めたのでしょう。当時、自民党を牛耳っていた五人、青木幹雄、村上正邦（自民党参議院会長、当時／以下同）、亀井静香（自民党政調会長）、森喜朗（幹事長）、野中広務（幹事長代理）がね。

こうした経緯が禍根を残したので、それ以降、ようやく後継を決めておくことになりました。

いまは、総理がダメで副総理もダメとなったときのために、五番目ぐらいまで決めています。安倍さんの次が麻生副総理。次が菅官房長官でその次が茂木大臣、というように。

半藤　組織というのはそうでなければいけませんよ。昔の海軍のハンモック・ナンバーです。その教訓があるのに、戦後はこれを無視してきた。社長がいつ倒れるかわからないのだから、そのときは副社長、副社長の次は誰と。わたくしが文藝春秋で専務になったときは、社長が倒れたらおまえだと言われていましたっけ。だからわたくし、当時の社長に、急死されたら困るから「おまえ、酒はあまり呑むなよ。オレは呑んでもいいけど」と言ったものです。もっとも、当時の社長は酒が呑めない男だった（笑）。

池上　ちなみにアメリカは大統領に何かあったときのために、十七番目まで決まっている。大統領と副大統領が、おなじ飛行機には乗らないというのはよく知られた話です。それ以外にもあります。大統領が議会で教書演説をしたりするときには閣僚が集まりますが、万が一、議会に爆弾が仕掛けられていて全員死亡といった事態を回避するために「指定生存者」というのが決められている。閣僚のなかでひとりだけ議会に行かないで、ほかの場所で留守番しているんです。

半藤　とにかく日本は、危機に対する準備がほんとうにできていませんでしたねえ。

池上　戦前の教訓から戦後日本では、実力組織が勝手に動けるようなことにしてはならないと、文民統制を徹底しました。しかしながら、国家的な災害が起きたときに、自衛隊をコントロールし指揮する仕組みが十分でなかった。阪神淡路大震災以降、各分野で災害対応と危機管理の仕組みや組織、法律がつくられました。それでも東日本大震災に遭ったとき、万全の態勢がすぐに整えられたかと言うと、そうとは言えなかったのです。

＊阪神淡路大震災後の制度改正など……
・官邸緊急参集チーム創設（平成七年二月）
・国土庁の宿直体制の整備（平成七年三月）
・災害対策基本法改正［災害緊急事態布告なしで緊急災害対策本部設置が可能になる］（平成七年十二月）
・大規模地震発生時における内閣の初動体制の決定（平成八年二月）
・官邸危機管理センター設置（平成八年四月）
・内閣危機管理監新設（平成十年四月）
※平成二十三年三月、東日本大震災対応で初の緊急災害対策本部を設置（内閣総理大臣が閣議決定により内閣府に設置する）
（『平成二十八年版防災白書』等より）

「災害と天皇」がセットでイメージされることになった時代

半藤　それにしても平成時代の自然災害の多さよ。ものすごく大きな災害が連続的に起きて、そのとき我われ国民の前に姿を現したのが天皇皇后なんですよね。いちばん初めが平成三年（一九九一）六月の、九州は長崎県の雲仙普賢岳噴火のときでした。平成の天皇は、これをきっかけに存在感が大きくなったとつくづく思います。

池上　雲仙普賢岳の大規模火砕流で被災した人びとをお見舞いしたときに両陛下が膝をついて語りかけた。

半藤　聞いた話ですが、あのとき天皇は背広とネクタイという、いわゆる行幸啓のときの定番ファッションだった。ところが現地に入ってみてこれはただ事じゃないということに気づき、天皇は上着を脱いでネクタイも外した、ということだったようです。

池上　そして腕まくりまでして。

半藤　要するに、通例からはあり得ない姿を人びとに見せた。そのうえで、膝を床につけて被災者とおなじ高さの目線で話しかけたというので、当時右翼からは非常に評判が悪かった。

池上　そうでした。そういう姿勢の天皇皇后にどう対応していいか被災者もわからなかったものですから、足を崩したままだったりしたんですね。両陛下の様子を写真にパチパチ撮ったりもしたせいで、そのことで被災者がずいぶんバッシングされました。

半藤　「天皇陛下の御前で、おまえたちのその態度はなんだ」と。しかしこのときのお二人の姿は、ものすごく好感をもって国民に受け入れられたんですよ。

池上　じつは阪神淡路大震災では、先に村山総理が被災地へ入っていました。被災者が避難している体育館の真ん中の通路を歩きながら、「やあやあ、たいへんでしたね、お疲れさまでした」と、スタスタ歩いてそのまま出て行った。そのあと天皇が慰問にやって来て、雲仙のときとおなじようにひざまずいて一人ひとりに声をかけているのを見た村山さん、あわてて入り直したそうです。二度目は座って声をかけた。これも少々情けなかった。

半藤　天皇はおのずから被災した国民とともにあるという姿を見せたわけです。この時々の天皇皇后の姿が人びとの心に焼きついたせいで、平成時代と言うとどうしても「災害と天皇」がセットでイメージされることになりました。

＊雲仙普賢岳噴火……長崎県の島原半島に位置する火山、雲仙岳。普賢岳はその一峰。有明海を間に東に熊本市を望む。普賢岳がおよそ二〇〇年ぶりに噴火したあと、火砕流・土石流を発生させたため、周辺の地域が避難を余儀なくされた。平成三年（一九九一）六月三日に起きた大規模な噴火により火砕流が時速一〇〇キロにもなるスピードで麓を襲った。取材中の報道陣や現地調査で訪れていた研究者らがまきこまれ、死者四〇人、行方不明三人、負傷者九人という人的被害を出した。

「ボランティア元年」となった阪神淡路大震災

池上　阪神淡路大震災は「危機管理の岐路」でした。それと同時に、あの年を我われは、「ボランティア元年」とも言いました。半藤さんのお知り合いのあげたキーワードのひとつ、「共感」をかたちにしたのがボランティアです。

たとえばアメリカでは何か災害が起きるとすぐにボランティアのひとたちが現地に赴く。日本ではそれまであまり盛んではなかったのだけれど、阪神淡路大震災のときにはもう、やむにやまれずみんなが駆けつけた。で、その二年後でしたか、島根県隠岐の島沖の日本海でロシア船籍のタンカー、ナホトカ号が航行不能となり船体に亀裂が入って沈没した。そのため積んでいた重油の流出事故が起きました。

半藤　海鳥が重油にまみれて真っ黒になった報道写真は衝撃的でしたね。

池上　福井県を中心に島根県から石川県にかけての広い範囲に重油が漂着した。あのときに、またボランティアが大挙して現地に向かった。阪神淡路大震災でボランティアを体験したひとたちが中核となって、かれらが仕切ったようです。経験のないひとたちに手取り足取り教えたと聞きました。そのあとに起きた新潟県中越地震（平成十六年／二〇〇四年十月二十三日）ではわたしも現場に行きましたが、もう百戦錬磨と言いますか、言い方は変ですが、プロ化したようなボランティアのひとたちがいました。

半藤　中越地震ではわたくしにとって縁の深い長岡が大きな被害に遭いまして、慰問に行ったら市長さん、「あまりにもボランティアのみなさんがプロ化していてやりづらい」と（笑）。行政のひとが、手が出せないんだと言うんだよね。

池上　災害未経験の役所の職員より、ボランティアのほうがレベルが高いんです。

半藤　人びとの共感は支援物資にもなりました。しかしこの支援物資がやっかいで、送ってくれるのはありがたいのだけれど、夜間に届いたり、あるいは下ろすだけ下ろして帰られてしまったり。深夜にそれをきちんと片づけなければならない。しかも、やっと片づけたあと、また新しい支援物資が来る。市の職員が参っちゃったらしいです。

池上　着るものが足りないだろうと衣料品を送るのはいいのだけど、ついでにミカンも、とかね。たとえば田舎のおばあちゃんが都会にいる息子や孫に何かを送るときとおなじように、ちょっと食べ物を入れちゃったりするわけですよ。しばらく置かれて開けてみると食べ物が腐っていて、衣料品も全部使い物にならなかった、というようなこともあったようです。

半藤　じっさい長岡でもそういうことが起きていた。

池上　そしていま、経験を積んでようやく送り方も洗練されてきた。中越地震ではいろんな避難所に足を運びましたが、それぞれの場所には仕切っている役所の職員がいましたね。聞けば地元のひとはかぎらず、兵庫県から派遣されてきた職員が何人もいた。今度は新潟県のひとたちが鍛えられた。平成二十三年（二〇一一）の東日本大震災のときはボランティアをスムースに受け入れるシステムができていて、これは見事でした。

半藤　阪神淡路をきっかけとして、市民レベルの、支援のオペレーション能力というのを我われは鍛えられましたね。

池上　そのとおりだと思います。これは明日につながる明るい話です。

＊「縁の深い長岡」……長岡は半藤一利の父方の故郷。昭和二〇年（一九四五）三月の東京大空襲で家を焼かれ、七月に一家揃って長岡在の寒村に疎開し長岡中学に通うことに。十五歳の半藤少年は終戦を、勤労動員先の軍需工場、津上製作所で迎えた。

「象徴天皇」が体現された東日本大震災

池上　じつは、わたしが最初に「あっ、象徴天皇ってこういうことだったのか」と思ったのは、東日本大震災の直後に出されたビデオメッセージでした。

半藤　原発事故が起きた、すぐあとの。

池上　そうです、そうです。あのとき、みんなが非常に不安になっている最中に発せられたメッセージです。当初両陛下は、いま被災地に行ったら警備とか出迎えとか現地がたいへんなことになるから、行くべきではないと控えておられたわけですね。だけど、どうにかして思いを伝えたかったのでしょう。お気持ちをビデオメッセージにして国民を励ました。

その後、少し状況が落ち着いてからお二人は被災地に行くことになる。けれど、宿泊をともなうと警備がたいへんなので、たいていは日帰りなんですよ。そして通常なら車列を連ねるわけですが、そんなことになったらこれまた警護がたいへんですからマイクロバスで移動した。両陛下のご希望でした。

半藤　総理大臣だった菅直人が福島に飛んでいったときには、まだゴタゴタしている真ッ最中で大迷惑なことであったと、批判されましたね。

池上　その、福島第一原発の爆発事故で東京で計画停電をはじめたとき、皇居や霞が関の官庁がある千代田区は対象外となった。停電しなかったんです。ところがあのとき、天皇皇后両陛下は皇居のなかの暖房を止めていたそうです。

半藤　それは知りませんでした。多くの人が電気を使えずにいるのだから、ということでしょうかねえ。

池上　あのときに侍従が「寒いですから、ぜひ暖房をおつけになって」と言ったら、「寒ければ着込めばいいんです」とおっしゃったと聞いています。

半藤　国民とともにあるというのはそういうことなんですね。平成二十八年（二〇一六）八月八日の「象徴としてのお務めについての天皇陛下のおことば」にあった、「時として人々の傍らに立ち、その声に耳を傾け、思いに寄り添う」ということは、まさにそれだった。

池上　沖縄の方々の気持ちに寄り添い、と言いながら、まったく寄り添っていないひともいますが。

半藤　安倍総理、今年平成三十一年（二〇一九）一月の所信表明演説からはその言葉「寄り添う」は消したようです。さすがに恥ずかしいと思ったのでしょうか。

第三章　原子力政策の大いなる失敗

第五福竜丸事件で「原子力の平和利用」のウソに気がついた

半藤　初めてわたくしが「原子力の平和利用」という言葉を耳にしたのは昭和二十八年（一九五三）です。米国のアイゼンハワー大統領が「アトムズ・フォー・ピース（原子力の平和利用）」演説というのをやった。十二月八日、国連での演説です。真珠湾攻撃から十二年目ですよ。七月に朝鮮戦争が休戦協定でおさまった年。年初にはトルーマンからアイゼンハワーへ大統領が交替し、三月にはスターリンが死んだんです。時代の節目です。

原子力が平和利用できるなんてそれは素晴らしいことだとそのときは思いました。ところがその何年か後に東海村で故障が起きたんです。

池上　昭和三〇年代ですか？　昭和四十九年に原子力船「むつ」が航行中に放射線漏れを起こす事件がありましたが。

半藤　日本原子力研究所（現・日本原子力研究開発機構／略称・原研）の東海研究所が昭和三十八年（一九六三）、わが国で初の原子力発電に成功しました。その前後で東海村で事故が起きているんですよ。いや、その前の昭和二十九年（一九五四）三月、第五福竜丸が太平洋のビキニ環礁でのアメリカによる水爆実験で被災した事件のあったとき、わたくしは静岡県焼津に飛んでいったのです。そのとき被曝《ひばく》した無線長の久保山愛吉さんに会って取材した。久保山さんは「この苦しみは俺ひとりでたくさんだ」と言って、その後亡くなりました。福竜丸はアメリカが警告していた海域からかなり離れたところにいたのに、大被害を受けた。要するに、アメリカも水爆がどのくらい危険なものであるのか、その威力をつかめていなかったとわかりました。

そのとき、わたくしは眼が覚めたんです。原子力は人間が制御できない怪物なんだと。それ以降わたくしは「原発の平和利用」というものを信用しなくなった。わたくしが『文藝春秋』編集長のときには広告代理店が何べんも提案に来ました。「半藤さんは長岡にご縁のある方だから、柏崎の原発を視察に行きませんか」とね。ぜんぶ向こう持ちでお連れしますと。

池上　事故の前ですけど、わたしのところにも来ました。

半藤　行かれました？

池上　行きませんよ。そんなことやったら何か起きたときにたいへんだと思ったので、全部断りました。

半藤　わたくしも断固として断った。なぜ行かないかと言えば、理由は簡単。人間が制御できないものを、いい調子で使えるはずないから俺は認めない。だから行かないと。

しかしながら、少々情けない話なのですが、いっぽうでは雑誌の広告が足りなくなると電力会社に広告を出してもらっていました。言えばすぐに出してくれた。

池上　そうでしょう、そうでしょう。

半藤　けっきょくマスコミは広告で黙らされましたね。

池上　ええ。福島第一原発の事故が起きたときに発売されていた『日経ビジネス』（三月十四日号、発行・日経BP社）には、福島第一原発のプルサーマル発電の利点や安全性を絶讃するタイアップ広告が二ページにわたって出ていたんです。有名な俳優さんが東京電力の招待で福島第一を訪れ、所内に設けられた「失敗に学ぶ教室」を案内されて、「だからこそ安全運転が確保されるのだという思いを一段と強くしました」と話しています。対談相手は、所長の故吉田昌郎氏です。

　このとき一号機は運転開始から満四〇年を迎える直前で、現在のルールだと通常廃炉とされるのですが、この対談時点では法的規制がなく、四〇年廃炉は決まっていません。「古いと思われるでしょうが」と吉田所長はこの広告で発言していますが、「六〇年間の運転期間を仮定して、三〇年を迎える前に高経年化技術評価を行い、長期保守管理方針を策定して保全活動に取り組んでいます」と胸をはっている。原子炉圧力容器以外は交換しているので、健全だと言うのです。事故が起きたまさにそのとき、よりによって日本を代表するビジネス週刊誌に福島の原発がフィーチャーされていた。

半藤　皮肉なことでしたね。東北各地の津波被害の報道から目が離せませんでしたが、なかでも福島第一の刻々の情報が気掛かりで、やきもき、ジリジリしていました。日本の人びとだけでなく、世界のひとたちも同様だったのではないでしょうか。日本に滞在している外国人がいっせいに帰国、あるいは国外避難していくのにも驚きましたが。

＊福島第一原子力発電所を紹介する広告が掲載された『日経ビジネス』三月十四日号は三月十四日発売で、まさにその日に三号機建屋が爆発。十二日には一号機の建屋が、十五日には四号機の建屋が爆発損傷していた。また同誌には、福島第一原発の二号機、三号機の設置工事およびメンテナンスを担当している東芝が原子力事業について広告を二ページ掲載している。「いま、地球上で最も重要な仕事を任されていると思います」「『1000年先の地球』を見据えて、原子力をリードする」とのコピーがその誌面にある。

引き継がれなかった「非常用電源は重要」という教訓

半藤　東京電力は津波があそこまで来る可能性があることを知っていて、事前に警告まで出ていたというのに堤防をかさ上げしなかった。

池上　あれはGE、ゼネラル・エレクトリック社が開発・設計した原発です。さっき半藤さんがおっしゃった「原子力の平和利用」で、アメリカと協定を結んで輸入しました。東芝や日立がGEの指導を受けて製造・納入設置しています。

半藤　最初に原子力委員会が設立（昭和三十一年／一九五六）されたときには、ノーベル賞を受賞した物理学者の湯川秀樹さんがメンバーに入っていたんです。原子力委員会に引き入れたのは、湯川さんの弟子で中央公論の雑誌『自然』の編集部にいた森一久さん（京大物理学科卒）でした。

湯川さんは原子力を導入するのは日本の自分たちが技術を獲得してからでいいじゃないか、急ぐことはない、基礎研究からやるべきだと主張した。しかし委員長の正力松太郎がうんと言わなかった。正力は、前年の昭和三〇年（一九五五）二月の衆議院選挙で初当選して代議士になっています。かれは読売新聞の社主としてこの年「原子力の平和利用」キャンペーンを陣頭指揮していました。十一月に北海道開発庁長官（兼原子力担当）に就任したことで社主を一時的に辞任しますが、実質的にはずっと読売新聞に君臨していた。その正力がとにかく急いではじめよう、自力が足りないのなら買えばいいじゃないかと、自説を押し通すんです。湯川さんはアタマに来て一年で委員会を飛び出してしまう。森一久さんも晩年は〝原子力ムラ〟の退廃を批判しています。

池上　最初に買おうとしたイギリスの原子炉があまりうまくいかず、それで正力たちは、アメリカのGEに変更したんです。ところが、地震や津波の心配がないところに建てることを前提にしているGEの設計だから、非常用電源が地下に設置されていた。もし非常用電源が高台にあれば、津波が来ても何の問題もなかったんです。もっとも原子炉や配管、建屋内の電気系統などが津波でやられていなければ、ですが。

半藤　あのあとみんな慌てて地下の非常用電源を上へ上へと上げたようだけども。

池上　じつはそうでもなかった。東日本大震災から四年後の、平成二十七年（二〇一五）九月に起きた関東東北豪雨災害で鬼怒川が決壊しましたね。あのとき、茨城県常総市役所の一階が水没して非常用電源がまったく使えなかった。停電になったせいで地域の災害対策の司令塔であるべき市役所が、その機能を果たせずたいへんなことになってしまう。

半藤　ああ、たしかあのとき逃げ遅れた市民が置き去りになって、ゴムボートや自衛隊のヘリで救出されたのでしたね。

池上　そうです。驚くべきは、市役所はハザードマップで浸水の危険予測地域に指定されていたのにもかかわらず、非常用電源を守る手立てが何も講じられていなかったという事実です。ハザードマップをつくった課と、非常用電源の担当課が別だったから、と言うのですが。

半藤　役所の縦割りも、そこまでいくと二の句が継げませんなあ。

池上　非常用電源の、管理の重要性は痛いほど学んだはずだったのに、という思いがいまさらながらいたしますね。

＊福島第一原子力発電所……一号機から四号機までそれぞれプラントの主契約者は、一号機＝ＧＥ、二号機＝Ｇ

Eと東芝、三号機＝東芝、四号機＝日立製作所。一・二号機はおよそ五割が国産、三・四号機はおよそ九割が国産。

＊常総市役所……豪雨災害の前年、平成二十六年（二〇一四）十一月に竣工したばかりの最新鋭庁舎。東日本大震災で被災し危険建物に指定された旧庁舎は使用禁止。プレハブなどの仮庁舎を経て、完成したばかりだった。災害対応機能を重視して造られたはずが、洪水については考慮されていなかった。ハザードマップで危険地域に指定されていたにもかかわらず。

「原発は日本人ですらコントロールできない」と他国は学んだが……

半藤　たしかにそれは学び損なった。しかし我われが原発事故から学んだことも、あったにはあったでしょう。人びとの節電意識はいまや当たり前のことになった。

池上　再生可能エネルギーの施設増強が事故後、加速しました。世界的にも新規投資が増えた。むろんそれにともなって発電量も増えました。それで思い出した。昨年平成三〇年（二〇一八）十月十三日と十四日の土日の二日間、九州では太陽光発電の一時停止、出力制御をしましたね。朝の九時から十六時まで。使用予想電力を大きく超えて供給することになるから、原子力発電はそのまま供給しておいて、太陽光のほうを止めろ、と。

半藤　電力が増えすぎると供給が不安定になって、大規模停電が起きてしまうというのでしょう？　しかしドイツでは、余剰電力を使って貯蔵できるようにする技術がすでに実用化されているというじゃありませんか。

池上　ええ。再生エネルギー発電の割合が急激に増えたことで、電力供給系統が不安定化していました。太陽光や風力などは気象条件しだいという面がありますから、供給量が変動しますね。その調整を火力発電がやっていたのですが、採算性の問題や環境負荷の問題などで次つぎと閉鎖されました。そのため大規模な商用蓄電池プラントが求められました。ドイツ各地で、実用化がはじまっています。日本の企業も参加しています。

半藤　日本では送電網をもっている旧電力会社の力があまりに強いので、地域に合った発電・供給を実現する新しいとりくみがうまくいかないようですね。いつもギクシャクしている。いまだに原子力発電にしがみついている。

池上　ドイツは、メルケル首相が福島第一原発の大事故を見てエネルギー政策をすぐさま転換しました。前の年にメルケルさんは従来の脱原発政策を緩和させて、運転延長の方針を打ち出したばかりだったんです。しかしあの事故を契機に原発廃止に明確に舵を切った。「あの日本ですらコントロールできないものは止めるべきだ」と言ったんです。

イタリアでも、二〇一一年のフクイチの事故後の六月、原子力発電の再開の是非を問う国民投票があって、政府の再開計画が否決されているんです。街頭インタビューで反対票を投じたご婦人が、「原発は日本人ですらコントロールできない。街のごみ収集もちゃんとできないイタリア人が、管理できるわけないわよッ」と答えていました（笑）。

半藤　他山の石としたドイツもイタリアも、えらいもんです。ところが当事国である日本の政治家どもは福島の大災害からまったく学んでいない。で、原発輸出に熱心になっている。原発問題は、平成が残した大課題だと思いますねえ。

＊ドイツの原発政策……一九八六年（昭和六十一）に起きたチェルノブイリ原発事故をきっかけに、ドイツでは脱原発・再生可能エネルギーへの機運が盛り上がった。緑の党や社民党などがこの政策を掲げて議席を増やした。ついに一九九八年、社民党と緑の党による連立政権で、シュレーダー首相は脱原発を宣言し、二〇二〇年頃までに全廃と決めた。

二〇〇五年に誕生したメルケル政権（連立）も脱原発を継続したが、二〇〇九年の選挙で支持を広げたメルケル首相は、原発の稼働延長を決めた。この時点では、結果的に二〇四〇年頃まで原発が稼働することになった。ところが二〇一一年三月の福島原発事故で、その脱・脱原発政策も再度の変更をすることになる。まず一九八〇年以前から稼働している七基を即時停止し、廃炉を決めた。また二〇二二年末までに全原発を停止すると決めている。

アベノミクスの柱・原発輸出はことごとく失敗

池上　事故後、国内の原発再稼働がままならず、ましてや増設もできなくなった。

半藤　事故で多くのひとが避難生活を送るなか、原発の増設なんかとんでもない、というのが国民の偽らざる気持ちですよ。あれから八年ですが、再稼働はいま九基です。事故前に五十四基あった原発は二十四基が廃炉の方針（平成三十一年／二〇一九年三月現在）になりました。

池上　ですから平成三〇年（二〇一八）七月に閣議決定した新しいエネルギー基本計画でも、政府は原発の新増設を容認する、という文言の明記は見送らざるを得なかった。

半藤　政府はエネルギー基本計画で二〇三〇年度までに総電力量に占める原発の割合を二〇パーセントという目標を掲げています。この数値、三〇基を稼働させないと達成できないというじゃありませんか。そんなの無理ですよ。

昨年末の、インドネシアの火山の噴火と津波。あんなのが日本列島のどこかで起きたら、また原発がやられちゃうんじゃないかとわたくしは心配でなりません。日本には火山が山ほどあるんですよ。

池上　いわゆる核のゴミ、使用済核燃料をどうやって最終処分するかという問題もまったく解決の目処がついていません。おっしゃるとおり日本中、そこらじゅうに火山があり、あるいは地下水が豊富にありますから、核のゴミを埋めて超長期に安全に保管できる場所なんかないんです。

半藤　候補地を政府が勝手に選定したようだけれど、その第一段階の「文献調査」に入った自治体なんかひとつもないのでしょう？

池上 ええ。じっさいどこも危ないですから。

いまフィンランドでは西部のエウラヨキ島という場所に、世界初の放射性廃棄物の最終処分場、「オンカロ」の建設が進められています。地下四〇〇メートル超のところに二〇二〇年から五〇〇〇トン以上もの廃棄物の埋設をはじめるという計画です。岩盤で地下水がまったくないところを選んで掘って、そこに一〇万年貯蔵するという。わたし見に行ったんです。

半藤 そこにどうやって埋設するのですか？

池上 核廃棄物は水分による腐食が怖いんです。ですから鉄製の容器に入れた使用済核燃料を分厚い銅の容器に入れて地下坑に運ぶ。さらに地盤の揺れや浸水を防ぐ粘土状の素材で覆って、最終的にはトンネル自体もそういうもので埋めるというのですが……。

半藤 一〇万年貯蔵するったって、その島が一〇万年後にどうなっているかわかるんですか？ フィンランドは一〇万年前はいったいどうだったのよ（笑）。まあ、いずれにしても日本はどこを掘ったって地下水や温泉がふきだすから、無理だね。

池上 というわけで、国内にはもう展望なしと見て安倍政権は海外に活路を求めた。海外への原発輸出をアベノミクス、成長戦略の柱に据えたんです。官邸主導で民間企業の後押しをやった。安倍さんとトルコのエルドアン首相、いまは大統領ですが、この二人のトップ会談で三菱重工の受注が決まったのが平成二十五年（二〇一三）。ニューヨーク証券取引所で、安倍さんが「アベノミクスは買いです。Ｂｕｙ ｍｙ Ａｂｅｎｏｍｉｃｓ！」と威勢よく宣言したのがこの年の九月です。しかしその翌年から台湾、ベトナムが、原発計画を凍結ないしは撤回した。平成二十九年（二〇一七）に東芝がアメリカ・テキサス州の原発計画から撤退して、三菱もトルコの原発を断念（平成三〇年／二〇一八）。平成三十一年（二〇一九）に入るとすぐ、最後の砦だった日立がイギリスでの原発計画を断念する。けっきょく原発輸出はことごとく失敗しました。

半藤　要するに日本の企業が断念せざるを得なくなったのは、安全対策にコストがどんどん膨らんでしまって採算がとれないことがわかったから、というのでしょう？　これが成長戦略の柱だったとはねえ。

原子力政策を先導した中曽根さんが「失敗」を認めた

池上　中曽根康弘さんから話を聞いたことがあります。そのとき日本の原子力政策を推進したと自負する中曽根さんが、原発事故を受けて「原子力の平和利用には失敗もあった」と言った。

半藤　ほう、「失敗」という言葉を使いましたか。中曽根さんはたしか、初めて原子力発電研究に予算をつけたのではなかった？

池上　そのとおりです。昭和二十九年（一九五四）に国会に予算案を提出して成立させた。その額じつに二億三五〇〇万円。なぜその金額なのかと国会で問われた中曽根さんが「原子力発電に使われるウラン235からとった」と答えて、議場からドッと笑いが起きました。

半藤　当時は中曽根さん、読売の正力松太郎に取り入って正力の参謀みたいな顔をしていたのを、わたくし、覚えていますよ。

池上　この五年後には第二次岸信介内閣に科学技術庁長官として入閣し、原子力委員会の委員長になっています。「失敗」発言をそのまま掲載することに秘書は難色を示したのですが、けっきょくは中曽根さん本人が残せと言って掲載されました（『文藝春秋』平成二十四年五月号）。

半藤　中曽根さんが「失敗だった」と言ったとしても、我われ日本人は脱原発に舵を切れずに令和を迎えてしまった。いまだ新しい方向を見出せぬまま岐路のなかにいるというわけです。

池上　そうです。いまだに故郷福島に帰れないひとが大勢いるのですから。

第四章　ネット社会に兆《きざ》す全体主義

膨大な情報が溢れているのに、視野がどんどん狭くなる

半藤　インターネットの大進歩による情報社会の革命的な大変化。これに話を移します。たしか平成二年（一九九〇）頃のことだと思いますが、もう少し前かな、ワープロの製造会社から文春でも使ってくださいとワープロをもってきたことがありました。「親指シフト」とかなんとかって言っていましたかね。

池上　ということは、富士通の「オアシス」ですね。

半藤　それを何台かもってきて、ただで使ってくれという。わたくしさっそく使ってみたんですよ、もの好きだから。すると漢字に変換するのに余計な漢字がたくさん出てくる。探している漢字がなかなか出ない。いまはどうなったか知りませんけど。

池上　ああ、当時はそうでした。

半藤　何べんもキーを押さないと肝心の漢字が出てこない。こんな手間がかかるのなら書いたほうが早いよと、そう言ってわたくしはあっさりやめちゃった。

池上　いまは、使っているひとの文章作成上のクセをパソコンのほうが判断して、そのひとが使ったことのある漢字から出てきます。

半藤　その頃は、これバカだよって言って、以来「こんなもの要らない派」で通して来ました。

いまもわたくし、携帯さえもっていません。そういう者から見ると、このインターネット社会というのはいったいどういうことになっているのか、皆目見当がつかない。これは池上さんにじっくり教えてもらわなくてはなりません。

池上　いまインターネットで得られる情報は驚くべき量にのぼります。あまりに情報が氾濫していて「何を選ぶべきかわからない」と困惑してしまうほどです。だからというわけで、情報をユーザーに提供する会社の側から、そのひとにふさわしい情報というものを勝手に選り分けて提示しているのです。検索のときに使ったキーワードの傾向に合わせて「このひとはこっちのほうに関心があるんだな」とコンピュータが判断し、そっちの情報が届けられるようなシステムになっているわけですね。スマートフォンも同様で、それぞれのひとが関心あると思われるニュースを優先して表示している。

半藤　紙の新聞だと世界のニュースや地域のニュース、あるいは政治、経済、文芸というように、好むと好まざるとにかかわらずいろんなジャンルのニュースが盛り込まれているわけですが、ところがネットだと、自分の関心のあるニュースしか入ってこないというわけですか？　わたしの場合だとどうなりますかね？

池上　半藤さんには、昭和史の新しい資料が見つかったとか、そういう情報は入ってくるのだけど、芸能情報はまったく来ないとか。

半藤　ああ、なるほど。

池上　かつてはみんなでテレビを見ていた。あるいはみんなが新聞を読んでいた。つまりみんなが知っている番組があり、みんなが知っているニュースがあった。それがいまや志向性や関心のあり方によってまったく別の情報を得ていることになります。誰もが知っているニュースが少なくなってしまった。そしてある層のひとたちには、韓国の悪口のニュースはいっぱい入ってくるけれども、それ以外のニュースは入ってこないみたいなことが起きる。

半藤　多くのひとが自分の好みのニュースしか見なくなったというわけですか。ということは、思考中止ということになるんじゃないですか。

池上　そうです。ヤフーというポータルサイトには、いわばインターネットの入り口にあたるページがあるのですが、そのヤフーの最初のページを見ると「ヤフートピックス」というニュースの見出しが並ぶんです。その中で自分が気になったトピックだけをクリックする。

半藤　新聞だといやでもぜんぶ目に入ります。「おや、これはいったいどういうことか」と考えさせられることもあるんですけどね。

池上　興味がないトピックは見ない。だから知らないんです。となると、おのずとそのひとたちの視野は狭くなっていく。いわゆる情報のタコツボ状況。そういう状態に陥ってしまったというのがインターネット時代のひとつの特徴です。

ネット上ではわたしたち二人とも「反日」

池上　もうひとつの特徴をあげます。ネット上にはみんなが読み書きできる掲示板みたいなサイトがたくさんあります。かつて言論空間には、口にしてはいけない差別語があった。ところがネット上ではそれらが平気で書き込まれてしまう。それこそ中国人や韓国・朝鮮人に対する差別語、あるいは部落差別であるとか、びっくりするような言葉が出てくるのが、いま当たり前になっているんです。

半藤　そういうものを見たくないひとは見なくて済む？

池上　もちろんそうです。しかしながら、言いたいひとは自分の名前を明かさず匿名でいいので、もうなんとでもひどいことを言える。それをダメだよと言う者がいないからでもあります。

半藤　しばらく前に、その掲示板というものをよく見ているひとから、「半藤さんの発言が批判を浴びて炎上していますよ」って教えてもらったことがありました。「なんだいそりゃ、オレがアカだと批判されているということか？」と聞いたら、いまはアカとか左翼という言い方はしないのだそうですね。

池上　「反日」でしょう？

半藤　それそれ。「反日」。「反日」ということで炎上しているんだと言われました。

池上　かつての非国民。いまは「反日」です。

半藤　最近はジジイになったせいかあんまり相手にされていないらしいけど、一時はすごかったようですよ。池上さんはどうなんですか、あなたは。

池上　わたしも「反日ジャーナリスト」との認定を受けています（笑）。

半藤　ああ、やっぱり。ひとは、おなじフレーズを見たり聞いたり、つまりそれを繰り返していると仲間になりやすいんです。そして自分たちと異なるものを軽蔑するようになる。ひいては攻撃を罪と思わなくなる。

池上　最初びっくりしたのは、テレビ番組で中国の国家体制のことをとりあげたときのことです。「いまの中国はおかしなことになっているのだけれど、これは中国が民族としておかしいわけではない。中国共産党の一党独裁が問題なんだ」と言ったとたん、もう「反日認定」ですよ。池上は中国人がクズだと言わなかった。中国を擁護したと。要するに中国人に対して差別的な発言をしなかったことが批判の対象になる。

半藤　うひゃー、中国人を悪く言わなかったら、それが「反日」？

池上　そう勝手に認定する連中がいるんです。まあ、いずれにしても人びとはいま、ネットでは見たいものだけを見ている状況になりました。韓国をけしからんと思っているひとがそういうのを見ると、韓国の悪口ばかりが出てくる。となると、その当人にとっては楽しいわけですよ。どんどん見ちゃう。そしていったんそんなものを見ようものなら、今度はそのパソコン自体にそんなものを見たという記録が残っていくものだから、ほかのニュースなどを見ていても韓国の悪口の広告が出てくる。

たとえば韓国の悪口のホームページを見て、そのあと朝日新聞でも読売新聞でもあるいは文藝春秋でも、それらのホームページを見ていると、そこにも韓国の悪口を書いた本の広告が出る。コンピュータのほうで、このひとは韓国を嫌いなんだと判断する。じゃあ、韓国嫌いと書いてある本の広告を出せば売れるだろうと、そういう理屈による仕組みができているのですよ。

嫌中嫌韓が金儲けの手段になる仕組みとは？

池上　さらに言えば、いま嫌中嫌韓が金儲けの手段になっている。「まとめサイト」というものがありまして、たとえば韓国の悪口だけ、あるいは中国の悪口だけをあらゆるサイトから集めてきた情報を提供しています。中国が嫌い、韓国が嫌いなひとがそれを盛んにクリックする。一〇万、二〇万、三〇万というクリックの数のデータがとれて、その「まとめサイト」の運営者に広告料が入る。ものすごく差別的なサイトをつくると金儲けができるのです。

半藤　いま新聞広告なんかより、インターネットのほうが広告を集めているのですってね。

池上　インターネット広告に出稿すると、ひとがいっぱい見に来るサイトに自動的に広告が出る。ものすごく差別的なサイトでも、そこにごく普通の企業や商品の広告が出たりすることもあって、それこそトヨタの広告がそういうサイトに出ることもあります。最近ようやくそれに気づいて、大企業は対策をとりはじめましたが。

半藤　ポケベルがはじまったのは昭和の終わり頃だったと思いますが、当時の総務庁が通信白書というのを出した。その白書によると、ポケベルからじきにPHSがとって代わるだろう、と。そして「将来はアンダーグラウンド・サブカルチャー」になると書いてあったんです。

池上　おお、当時の総務庁、先見の明がありましたねえ（笑）。

半藤　これは妙によく覚えているんです。そのアンダーグラウンド・サブカルチャーが、いまやメインになってしまった感がある。

歴史認識から史実が置き去りにされていく

半藤　それが何を生んだかということをちょっとわたくしは考えるんです。けっきょく大きな声を出す連中が正しいと言えば、賛成賛成と叫べば、それが正しい結論だということになりはしないか。これからの歴史認識というものから、史実が置き去りにされていく。

池上　歴史観については、かなりそうなっています。

半藤　もう、なっちゃっているのですか。

池上　とんでもない理論が溢れかえっています。事実ではないことが正しいこととしてネットを見るたびに出てくると、人びとはそういうものなのかと思ってしまう。

たとえば韓国の悪口だったり中国の悪口だったり、日本はかならずしも悪くなかったという主張ばかり見ていると、「みんながそう思っているのか」というふうに勘違いするわけですね。そのときに半藤さんみたいに「いやいや、日本もかつて間違ったことがある」と言うと「こんなこと言うヤツは反日だあ！」と。その世界だけがすべてだと思って生きているひとたちがネットユーザーのなかにはたくさんいるということです。

半藤　そういう風潮がどんどん進展していくとしたらとても怖いことです。この国の価値観というものがガラリと変わりかねない。こういった言論状況の流れに至る、何かターニングポイントがあったのかどうか。

平成二十八年（二〇一六）の総務省の資料によると、平成八年（一九九六）に携帯電話とPHSの加入台数が二〇〇〇万台を突破する。平成十二年（二〇〇〇）には携帯電話が五〇〇〇万台を突破して、固定電話を抜く。このあとにインターネットが普及してくるということらしい。おととし病院にちょっと入院したときのことですが、わたくしの病室のあった五階のフロアにはどこを探しても公衆電話がないんです。聞けば公衆電話は一階にしかないからそこまで行ってもらうよりしょうがないです、と。病人がわざわざ五階から一階まで行くのかと。そういう時代になった。スマホがあるからと、家に固定電話を引かない世帯も多いのですってね。だから、転換点は携帯が固定電話を抜いたときじゃないかと思うのですが、どうですか。わたくしなんかには、そこから環境が激変したという印象がありますね。

池上　半藤さん、いまパソコンが売れなくなったこと、ご存知ですか？

半藤　えっ、売れなくなっているんですか。

池上　はい。みんなパソコンのかわりにスマホやタブレット端末を使っているからです。いま新入社員でパソコンの使い方がわからないひとが増えているそうです。「ワード」とか「エクセル」が使えない。二年ほど前に、東大生がスマホで卒論を書いたと話題になったことがありましたが、もうそんな状態なのです。いまの四〇代のひとは、新入社員のときにパソコンが使えない先輩たちに使い方を教え、自分が四〇代になってみると、今度は二〇代の連中にまた、パソコンの使い方を教えているという笑い話があります。だから夏や冬のボーナス時期に、パソコンの新型機種が最近出ない。

半藤　そうでしたね、その昔は新聞の一ページを使ってパソコンの広告が出ていましたが、言われてみれば最近は見かけないねえ。

池上　半藤さん、いまからスマホをもてば追いつきますよ（笑）。

半藤　いや、やっぱり遠慮しておきますよ。

保守化・右傾化のきっかけは産経新聞のネット全文公開

池上　先ほど半藤さんがおっしゃった、「いまの言論状況に至るターニングポイント」は何かという問題ですが、あえて言うなら、産経新聞が主なポータルサイト、ヤフーなどに無料で記事を公開したこと。これがひとつの大きなきっかけになりました。

半藤　無料で記事を読ませたら商売にならんじゃないですか。

池上　はい。新聞社はカネを払って記事を見てもらいたい。ちゃんと購読料を獲得したい。だから新聞社はインターネットに全部の記事を公開するということをしなかったんです。見せるのは導入部分の一部だけでした。ところが産経新聞はいち早く全文をネットで見られるようにした。そうすると、たとえばヤフートピックスなんかに紐づけられたニュースをクリックして、真っ先に読者が読むことになるのは産経新聞なんです。若い人たちは紙の新聞をとらないので、ネットで情報を得るひとたちはまず産経新聞の記事を読むことになる。産経新聞の紙の発行部数は少ないのですが、ネットでの影響力はものすごいです。いまの若い人が保守化したとか、右傾化してきたよねというきっかけは、産経新聞のこのサービスではないか。マイクロソフトのMSNというポータルサイトも産経ニュースでした。ヤフーなどでは、いまは朝日新聞も毎日新聞も記事の提供を、全部ではないですが、行っていますが。

半藤　はあ、そういうことでしたか。しかしねえ、てめえでてめえの足を食っているんじゃないの、新聞社は。ネットに流してしまったら新聞社の将来はないじゃないですか。

池上　ネットに流すとそれを見に来る人びとがいる。そうすると広告料が入るわけです。産経新聞のウェブサイトを開いて、そこに一〇〇万人や二〇〇万人が来れば広告収入が入る。まだこれは購読料ほどにはなっていないのですがね。ただし日経新聞は、四千二百円払ったら、パソコンでもスマホでも全部読めますという電子版が、ようやく黒字になったようです。

半藤　そうなると紙のほうはどうなっていくのかしら。要するに我われの商売ですが、活字なんていうのはもう前途がないんですか。

池上　書籍に関しては、大部数が見込める一部の筆者は紙で出していただいてもいいのでしょうが（笑）。そうじゃない書き手の作品は、なかなか、ねえ。

情報革命の帰結は、大衆がバラバラになる「大衆の消滅」

池上　いま鉛筆で原稿を書いているのは、赤川次郎さんに林真理子さんと、あとは西村京太郎さん。ほかにいるかな。あとは半藤さんか。

半藤　おっしゃるとおり、わたくしは鉛筆で原稿用紙の穴を埋めていましてね。丸い3B鉛筆が気に入っていて、もっぱら毎日新聞の鉛筆を使ってきたんです。ついこのあいだストックが終わってしまったものだから、わたくしのところに来る毎日の記者に「悪いんだけど、おまえさんのところの鉛筆を一ダース持ってきてくれないか」と頼んだんですよ。すると「もう鉛筆なんかありませんよ」とすげない。「おたくの会社の記者は鉛筆使わないのか」と言ったら、「誰も使っていませんよ、そんなもの」って（笑）。「でも倉庫には残っているんじゃないの？」と食い下がったらホントに倉庫を探してくれた。それでね、五ダースも持ってきた。そんなにもらったって死ぬまでに使い切れないよって、わたくしアタマを掻きましたがね（笑）。NHKではどうでしょうねえ。

池上　おそらくもう誰も使ってないでしょうね。民放の現場リポートの記者が何を見てしゃべっているか、ご覧になったことあります？　昔は、手帳に書いた原稿を見ながらしゃべっていましたが、いまスマホを見てしゃべっています。

半藤　ああ、やっぱりそうですか。

池上　スマホに原稿を書いていますから鉛筆は使わない。

半藤　ではテレビの将来はどうなるんでしょう。

池上　いま、若い人はあまりテレビを見ません。テレビをもっていないという若い人が激増しているんです。

半藤　えっ？　映像もスマホで？

池上　そうです。動画でも映画でもスマホやタブレットで見られますから。YouTubeだろうが、Huluだろうが、Netflixだろうが、なんでも。だいいちテレビ受像機をもっていたとしても、かれらは地上波の放送をあまり見ていません。いまどんどんテレビ視聴率が下がっているのは、そもそも地上波のテレビを点けているひとが少ないからなのです。

半藤　いや、そうすると、情報革命というのはどういう革命になるんでしょうかね。

池上　ますます大衆はいわゆる砂粒のようになって、まとまりがなく、バラバラになっていく。サラサラサラサラと流れていってしまうような大衆社会になっていきますね。

半藤　ということは、わたくしの友人が三つのキーワードのひとつにあげた、「大衆の消滅」というのは当たっているのですね。

池上　そのとおりです。

半藤　驚くべき状況ですねえ。将来がまったく見えない。

池上　いよいよNHKも、電波の放送と同時に、インターネットで番組を同時配信することになりました。テレビ受像機がなくてもインターネット経由ならテレビ番組を見てくれるだろうということです。

半藤　スマホの端末というのはこんな小さいやつでしょう。いったい何事が起きているのかね。首相の記者会見なんかで記者連中がろくな質問をしないのは、こんなこと（指でタップする仕草）ばかりやっているからじゃないですか。

池上　そのとおりです。ろくに質問せず、ひたすらメモしてる。

半藤　もう少し真面目にやれよと思うのですが。ああ、そうなんですか。

池上　そんな状態でございます。

半藤　そうすると情報革命というのは……。これ、革命と言うのかねえ。

関東大震災、南京大虐殺、大本営発表――戦時中の国民の姿がダブる

半藤　知りたい情報しか知らないひとたちが増えると、デマをほんとうのことだと思ってしまうひとたちが増えるということになりますね。かつてこの国にはおなじことがありました。戦争中の大本営発表を信じて、国民の多くが日本は勝ちつづけていると信じた。つまりわたくしたちは統制された情報でしか世の中のことを知らなかったわけです。その少し前、関東大震災のときには朝鮮人が井戸に毒を入れたとか火をつけているとか、そういうデマを信じた市井の人びとが罪のない朝鮮人を襲撃した。いまの話を聞いているとわたくしには戦争中の国民の姿がダブって見えてくるんですがね。

池上　関東大震災のときに、そういうデマによって数多くの朝鮮人が犠牲になったのは事実です。だからこそ東京都は、歴代の都知事が、関東大震災が起きた九月一日に朝鮮人慰霊碑に追

悼文を届けていた。ところが小池知事になってから、それをやめてしまいました。

半藤　逆に、「虐殺があったというのがデマだ」ということなのでしょうか？

池上　ネトウヨの方々は、あるいは小池都知事を支持しているひとたちのなかには、朝鮮人が大量に虐殺されたなんてことはないと思っている人がいるようです。

半藤　だから、追悼文なんか捧げる必要はないと。

池上　事実がかれらの頭のなかでは書き換えられてしまっている。あるいは、南京事件はなかった、とも主張している。南京事件についてはいろんな議論はありますけど。

半藤　わたくしたち昭和史研究をやってきた者は、虐殺の事実を否定する連中とずいぶんケンカ沙汰をやってきましたがね。

池上　ですからいま「南京大虐殺」という言葉は使えません。教科書はほとんどが、「南京事件」ですから。

半藤　そのようにわたくしも仄聞《そくぶん》しています。流れている情報の量は圧倒的に増えたのに、現象として見ると戦前の状況と似たようなことにもなっている。集団的な物語は時々の政治にとりこまれやすいのです。実際なにがあったのか、誰がなにをしたのか。そのことをみんなで繰り返し考えることがなにより大事だとわたくしは思いますがね。

池上　一昨年平成二十九年（二〇一七）、八月十三日に放送されたドキュメンタリー番組、「N

HKスペシャル　731部隊の真実　エリート医学者と人体実験」には、右翼からの激しい抗議があったようです。

半藤　ああ、わたくしもあれは見ました。よくやったと思いましたよ。

池上　ですよね。でもあれが、でっちあげだという話になるわけです。

半藤　いやはや、なんとも、ねえ。

ただねえ、若い人の多くがネトウヨかと言ったら、決してそうではないと思うのですよ。インターネットに「反日」だどうだと書き込んでいるのは、たくさんいるように見えたとしても、おなじひとが、なんどもおなじようなことを繰り返し書いているとも考えられる。その言葉の激しさに惑わされてはいけないし、過剰に危惧するのもよろしくない。

だいたい思考停止や服従は、一種の幸福感をひとに与えるものでしてね。考えるのは疲れることだけれども、じつはそれが全体主義を防ぐ唯一の方法なんです。

全体主義というのは国力が弱くなっているとき、社会が混沌としているときに生まれやすい。そんなときに、しばしば英雄視される者があらわれて、カオスか自分かどちらかを選べと人びとに迫る。あるいは人びとのなかに眠っていた怒りを呼び覚まして操作しようとする。だから我われは、いまこそ気をつけなければいけませんねえ。ジジイの杞憂とは思えないですけど。

第五章　誰がカルトを暴発させたのか

宗教法人にビビるようになった戦後の警察

池上　わたしが首都圏のニュースのキャスターをやっていたときに、坂本堤弁護士一家三人が忽然と姿を消すという事件が起きた。平成元年（一九八九）十一月のことです。その少し前、たしか十月頃からだったと思いますが、週刊誌『サンデー毎日』がオウムについて連載をはじめていました。

信者の家族から被害相談を受けたことから、坂本弁護士は「オウム真理教被害者の会」を組織。マスコミに対しても、オウムがいわゆる霊感商法で信者や信者家族を騙していると訴えるようになっていた。同時に被害弁済などの民事訴訟の準備もすすめていたんです。オウム真理教の宗教法人としての認可取り消しを求めるのが目的でした。

坂本さんのアパートの室内にオウム真理教のバッジが落ちていたことから、当初からオウムの犯行が疑われていました。わたしは取材の過程で坂本弁護士のお母さんのさちよさんに話を聞きました。ところが、神奈川県警はあまりやる気がないのだな、という印象をもちました。堤弁護士の所属している弁護士事務所が日本共産党系で、神奈川県警にとっては目の上のたんこぶのような存在だった。神奈川県警が本腰をいれなかったのは、こういうことも関係があったのではないかとわたしは思っています。

半藤　当時オウムは、疑惑の目が向けられると、マスコミや警察にたいして「宗教弾圧だッ！」と激しく批判を繰り返した。この「宗教弾圧」という言葉に警察権力は弱いんですよ。戦前戦中にいくつもの宗教団体を弾圧した歴史がありますからねえ。

池上　そうです。代表的な例として、大本教の幹部たちを片っ端から検挙して牢屋にぶちこんだ事件がありました。

半藤　ひとのみち教団や、あるいは天理教から枝分かれした天理本道、これらも弾圧を受けている。根拠となったのはおもに不敬罪と治安維持法です。太平洋戦争がはじまってからはキリスト教関係の団体へも取り締まりや弾圧が強化されています。

池上　創価学会も、戦争末期に幹部が逮捕、投獄されています。その反省から、戦後、宗教法人法によって宗教法人にはいろんな活動が認められることになった。うっかり触ると宗教弾圧だと言われかねないというので、警察は神奈川県警にかぎらずみんなビビッていました。結果的にオウム真理教の犯罪を見逃してしまうことになるのです。

平成七年（一九九五）三月の、地下鉄サリン事件のときはNHKで「週刊こどもニュース」をやっておりまして、事件後いよいよ警察が捜査に着手するとなって、子どもたちからいろんな質問を浴びせられました。いちばん参った質問は、「サリンはどうやってつくるんですか？」。調べましたよ、一生懸命（笑）。

するとサリンというのは、もともと戦前にドイツでジャガイモにつく害虫を駆除するための殺虫剤を開発している過程で、偶然にできた化学物質だったということがわかった。あまりに危険だというのでヒトラーのナチスドイツですら、これの使用をやめています。それが大都会の地下鉄で使われたというのはじつに恐るべきことでした。

オウムの犯罪が露見したときには、「なんで悪い奴らを弁護する必要があるんですか」という質問も子どもたちから聞かれましてね。なるほどなと思いました。「それはね、どんなひとにも人権というものがあるからなんだよ」と、そんな答え方をした記憶があります。

松本サリン事件で繰り返された戦前の過ち

半藤　警察の失態ということで思い出すのは、地下鉄サリン事件の前年に起きた松本サリン事件（平成六年／一九九四）です。このときの対応はひどかったのではないですか。

池上　はい、警察はとんでもない素っ頓狂な捜査をしました。

半藤　松本サリン事件が起きたのは、わたくしが文春を辞めてすぐのことでしたか。それ以前から江川紹子さんが文春に出入りしていましたから、オウムに関しては、彼女から直接聞いていたんです。それといま参議院議員である有田芳生さん。このひとからも聞いていて、オウムがとんでもない集団だということはわたくし、ある程度知っていました。この松本サリン事件では、事件現場に住んでいた被害者の一人である河野義行さんがすっかり犯人扱いされてしまった。

池上　長野県警は、事件当初は何が起きたかまったくわからなかったのだと思います。どうも被害は毒ガスによるものらしい、と。周辺を調べてみると河野さんの家から農薬が見つかった。「農薬の調合ミスで毒ガスができたのではないか」とかれらは考えた。それで事件の直後に「被疑者不詳」の殺人事件容疑で、長野県警が河野さんの家を家宅捜索するのです。この動きを見たマスコミは、「犯人はこの人だッ！」と飛びついた。

半藤　当時、「河野義行という人はとんでもないことを考えているヤツらしいぞ」、などという噂が流れましたよ。わたくしはこれを苦々しく思って見ていました。当局の発表を鵜呑みにして、河野さんをみんなでぶっ叩くとは何事かと思った。河野さんの家の台所を調べたって物置を調べたって、サリンなどというものをつくれるほどの道具はない、というのがはっきりしてもなお、訂正も謝罪もしませんでしたね。

池上　河野さん家族全員が被害者でしたし、奥さまはサリンによる重篤な症状で、意識が戻らないまま平成二〇年（二〇〇八）に亡くなっています。

半藤　事件から二カ月後に、河野さんの手記を月刊誌『文藝春秋』が掲載するんです。つまり文春はオウムが怪しいと見ていたわけですけれども、たいした力にはならなかった。

池上　半藤さんのご指摘のように、サリンなんていうものはとてつもない大きな工場でないかぎりつくれない。こんな民家でできるわけがないという科学的な常識とか、あるいは冷静さのないまま決めつけた、ということですね。

半藤　いったんそうだとなったらダーッとみなが流れていく。戦争中とおなじです。河野さん本人が、「誰でも冤罪の被害者になる時代になりました」と言ったのが、非常に印象的でした。それは戦前からあったことで、いままた日本人はそれを繰り返していると思いました。

＊松本サリン事件……平成六年（一九九四）六月二十七日の深夜、長野県松本市の住宅街で原因不明の死傷事件が起きた。直後はガス中毒や光化学スモッグなどの大気汚染が疑われたが、実際は猛毒サリン散布が原因であったことがわかる。オウム真理教の教祖松本智津夫の指示により教団幹部らが、長野地方裁判所の松本支部裁判官官舎を標的にしたものであった。事件の後日に松本支部で同教団への判決が出ることになっていた。教団にとっては不利なものになると予想した教祖らが判決言い渡しを阻止するため犯行に及んだと、のちにその動機が判明。この犯行で八人が死亡し、六〇〇人以上が重軽症を負った。

地下鉄サリン事件はやはり警察の失態だった

半藤　池上さんに聞きたいのですが、坂本さんの事件といい河野さんの事件といい、中央の新聞やテレビはどう見ていたのですか？

池上　メディアは堤さん一家がいなくなってオウム取材に動きはじめていました。わたしもさきほど言ったように坂本堤さんのお母さんに話を聞きに行っている。みんな動いたのですけど、オウム真理教が怪しいなんて言おうものなら、宗教弾圧だと騒がれ、あるいは名誉毀損で告訴されることがわかっていたので二の足を踏んでいたのです。これは県警だけでなくメディアもそうでした。

半藤　とはいえ坂本弁護士一家の失踪事件の捜査から、オウムを追いつめていれば、松本サリン事件も地下鉄サリンも、ほかのオウムの殺人事件なども防げていたかもしれない。これはかえすがえすも残念ですね。

池上　ええ。ですが、何もしていなかったわけではないのです。長野県警の捜査員は松本の事件の六日後には毒ガスがサリンだと特定していました。さらに特殊な原料の販売ルートから、東京の世田谷に住む人物が原料を大量購入していたことを突きとめています。それがオウム真理教の関係者であることまでつかんだ。このことは警察庁にも伝えられ、警察庁はサリンの特性調査から、山梨県の上九一色村で異臭騒ぎが起きた現場を調べればサリンの残留物が見つかる可能性があると判断します。捜査を担当した長野県警はオウムの見張りをごまかしながら、採取を成功させる。そして見込みどおりサリン残留物が見つかって、サリンを実際につくっている確証を得ることができた。警察庁と長野県警の連携が、ここではありました。これが平成六年（一九九四）もかなり押し詰まった十一月のことでした。

翌平成七年（一九九五）年一月一日、読売新聞が元日の朝刊一面トップでその事実を大々的に報じる。これはもうみんなびっくり仰天の大特ダネでした。しかし元旦に出たものですから、みんな正月で休んでいるし二日は新聞がない。他社はあと追いの記事をすぐに出せない。このスクープにメディアの人間たちは地団駄を踏んだのです。でもあの記事にはオウムのオの字もありません。証拠がまだありませんでしたから。

半藤　しかし警察がオウムを追いつめる直前に、逆にオウム側に警察の動きを察知され、先に地下鉄サリン事件を起こされてしまう。大がかりな装置がなくとも極めて深刻な結果を生じさせる攻撃でした。たしかに地下鉄にサリンをまくなんて、想像もつかないことではありましたが、それでもこれは失態と言わざるを得ないでしょうね。

＊地下鉄サリン事件……平成七年（一九九五）三月二十日午前八時頃、朝の通勤ラッシュを狙って、東京の地下鉄日比谷線、丸ノ内線、千代田線の車両内でオウム真理教がサリンを散布。この同時多発無差別殺人攻撃で死者が十三人、重軽症者は六〇〇〇人を超えたとされる。警視庁が陸上自衛隊の化学防護部隊を出動させ除染にあたった。この事件の二日後、警視庁は山梨県にある同教団の施設に強制捜査に入り、容疑者の逮捕をはじめた。一連の事件に関与したとして教祖をはじめ教団幹部ら十三人に死刑判決がくだされ、平成三〇年（二〇一八）七月に刑が執行された。

解脱により苦しみから解放されると説く仏教の魅力と怖さ

池上　そもそもオウムの教義というのは、ヒンズー教原理主義をベースにチベット仏教も取り入れていました。麻原彰晃こと松本智津夫は、ダライ・ラマにも会っています（昭和六十二年／一九八七）。そのことをもって松本智津夫は、「自分はダライ・ラマに認められた宗教者だ」と言ってオウム真理教の布教に利用しました。

当時のダライ・ラマ十四世日本事務所に、松本智津夫は、会いたい、会いたいとしつこく連絡してきた。熱心な仏教徒だと勘違いした担当者が仲介の労をとって、亡命先であるインドのダラムサラで会えるように取り計らった。ダライ・ラマ本人は、会いたいという人があればなるべく会おうと、そういう考えですからね。敬虔な仏教徒だと聞けばなおさらです。それを松本智津夫に悪用されてしまった。わたしもダライ・ラマには五回会っています。ダライ・ラマを利用しようなんて思っていませんけど（笑）。

松本智津夫は、インド北東部にある仏教の聖地・ブッダガヤにも行っている。お釈迦様がそこで悟りを開いたとされるその場所に菩提樹があるんです。その時代の菩提樹はとうの昔に枯れてしまっていますから、おなじ種を南インドから持ってきて植えた。当時はその場所のすぐ近くまで行くことができたんです。松本智津夫は警備のひとの制止を振り切って、お釈迦様が座ったとされているその場所に座って、お釈迦様を真似て写真を撮ろうとして騒ぎになった。

それ以降、まわりに柵が巡らされて近づけないようになっています。行ってみて知ったことですが、お釈迦様は菩提樹の下で悟りを開いたわけではなかった。そこにある木を、「悟りを開いた木＝菩提樹」と名づけたというのが正しいようです。

半藤　それにつけてもオウムはなぜ多くの若者たちを惹きつけたのか。高等教育を受けた優秀な若者たちも含めて、なんでどんどん吸い寄せられていったのか。

池上　オウム真理教の教義それ自体はけっこうよくできていたということなのだと思います。ちょうどオウム真理教が世の注目を集めはじめたときに、幸福の科学も信者を獲得しはじめていて、テレビ朝日の人気番組、「朝まで生テレビ！」で両者を対決させた。司会は田原総一朗さんです。オウム真理教と幸福の科学、どちらの教義が正しいかという論争をさせた。その結果、オウム真理教が圧勝したんですよ。

半藤　わたくしも見た覚えがある。

池上　それを見ていた若者がドッとオウム真理教に流れ込むようになった。信者の数が地下鉄サリン事件当時で一万一四〇〇人ほどいたということです。これは公安調査庁が公表したデータですがね。

オウム真理教の教えは、先ほども言ったとおりヒンズー教とチベット仏教で、つまり仏教の本質みたいなものを基本においている。いわゆる大乗仏教ではなく上座部仏教。すべてを捨てて出家をし、修行を積めば解脱に近づくことができるという考え方です。

半藤　そしてここが大事なのだけれど、麻原彰晃はもうすでに解脱に成功したとされていた。

池上　ええ。ゴータマ・シッダールタは、生老病死という人間の苦しみ、四苦八苦からどうやって逃れることができるかを考えた。そして解脱こそがその答えである、と。解脱というのは輪廻転生の輪から外に出て、涅槃に入ること。苦しみの多い現世に甦ることはないわけです。それを理想だとする考え方の宗教というのは、けっこう怖い。この世に戻ってこないようにするという理想を、実現するために助けてあげようというのですから。

半藤　その怖さは改めて教訓としないといけないですね。人間の心はそれほど強くはないのです。非常に脆いところがある。

池上　若者たちがオウム真理教にコロリと参ったというよりは、仏教の宗教理論に魅力を感じた、ということではないかとわたしは理解しています。いまの若い人たちって、そもそも仏教に対する知識があまりないわけですね。南無阿弥陀仏《なむあみだぶつ》と南無妙法蓮華経《なむみょうほうれんげきょう》の違いも知らないまま、「ほんとうの仏教というのはこれだ」と見せられた。

半藤　いまのお話のとおりだと思うのですけれども、これは若者たちにかぎらず、日本人の傾向として善悪二元論に立つひとたちが多い。その傾向が、オウムを支持したひとたちのなかにもあったのではないかと思います。これは完全にいいものだと思えたら、心の空洞と言いますか、それが埋められるようないい気持ちになった。光明がパッと見えたような気がしたのではないでしょうか。批判的に見る視点をまったく失ってしまった。マインドコントロールという言葉がありますけど、善悪二元論のひとはコントロールされやすい。下町の向島生まれのわたくしなんかは、子どものときから、いいこと悪いこと、どっちがどっちかわからねえ、と思って育ちましたけどね（笑）。昨日までのものすごい軍国おじさんが今日は民主化の旗を振ってましたからね。人間なんてアテにならんものだと。

＊ダライ・ラマ十四世……正式にはダライ・ラマ法王十四世。一九三五年七月六日生まれ。「ダライ・ラマとはモンゴルの称号で『大海』を意味し、歴代の転生者は、仏陀の持つ慈悲の心の象徴である観音菩薩の化身と信じられている。菩薩とは、悟りを開いた覚者でありながら、涅槃に入らず有情を救済するために転生することを誓願された存在とされている」（「ダライ・ラマ法王十四世公式ウェブサイト」より）。名を「テンジン・ギャツオ」とよび、本人は一介の僧侶であると言う。二歳のとき、先代の十三世の転生者と認定された。一九五九年三月、中国のチベット支配に抵抗し、国外脱出。翌年にインドのダラムサラにチベット亡命政権をおいた。

世紀末の不安、青年の不安に新興宗教が忍び寄った

池上　あの頃世紀末が刻々と近づいていて、一九九九年の七の月、人類が滅亡するというノストラダムスの大予言が一世を風靡していました。

半藤　そう、あれは流行りましたものねえ。バブルが弾けたあと、いったいこの世の中どうなっていくのかという不安も影響したのか、本が大ベストセラーになった。空から大魔王か何かが降りてきて世界が滅亡する、というようなまことに怪しげな話でした。

池上　おっしゃるように世紀末の不安感のようなものが社会を覆っていましたね。みんなどこかで心の拠り所が欲しいわけです。あとから反省することになるのだけれど、既成の伝統宗教が無力であった。仏教でもキリスト教でも既成宗教は、若者たちの悩みや不安に応えることができなかった。ただでさえみんなが不安になっていたときに、阪神淡路大震災という未曽有の災害が起きて大勢のひとが亡くなった。そうした時代を背景にオウム真理教はさらに信者を獲得していったのです。

半藤　思えば前途不明瞭の社会全体がカルト化していました。既成仏教がすっかり葬式宗教になっておりましたしねえ。戒名を書いてもらうと一〇〇万円だとか一五〇万円だとか。ちょっとしたお葬式で二〇〇万円かかるとか。こんなもの信用できるか、という、既成仏教に対する不信が募った時代でもありました。それで思い出した。バブル最盛期の時代、京都に行くと、お茶屋さんみたいな店に居たのはどこでもお坊さんばかりでしたよ。

池上　たしかに既成宗教から人びとの心が離れた時代でした。振り返ってみると、当時の様子は鎌倉時代に重なるところがあるような気がします。あの時代にも天変地異が起きて、いよいよこの世の終わりは近いと言われた。そして次つぎと新興仏教が生まれるんです。日蓮が登場して伝統的な宗教を激しく批判し、日蓮宗は多くの支持を集めることになる。時代性が似ている感じがするんですね。

半藤　そういえば、新興宗教はだいたい法華経、日蓮宗系なんですよね。

池上　ええ、創価学会もそうだし立正佼成会もそうですね。創価学会は日蓮正宗の信徒団体としてはじまりました。

半藤　昭和初期の青年将校たちもその多くが日蓮宗でした。青年たちを惹きつける何かがある。魅力があるんですね。だけどねえ、生身の人間が解脱するというようなことは、あり得ないんですよ。しかしオウムに入信した若者たちは信じてしまった。そして、その宗教団体が、ついに大量殺人を目論むテロに走った。これ、なんで実行されるに至ったのか。

＊ノストラダムスの大予言……ノストラダムスは十六世紀フランスの医師で占星術を学んだとされる。予言集を著し、そのほかに実証的な薬学・医学、および文学的な著書を残した。日本で大ヒットした『ノストラダムスの大予言』はノストラダムスの著作ではなく、五島勉のいわばフィクション。二〇世紀末の終末論的な不安感からオカルトへ人びとの興味や関心がひろがるなか、そうした時代の気分にのって、一〇〇万部を突破。大ヒットとなった。

＊鎌倉新仏教……公家支配の世から武家支配の体制へと変わった鎌倉時代。それまでの仏教の思想と慣習を転換

して、武家や農民のための信仰として新しい考え方にもとづいた仏教がいくつも生まれた。代表的な鎌倉新仏教とは、浄土宗（法然）、浄土真宗（親鸞）、時宗（一遍）、法華宗（日蓮、日蓮宗とも）、臨済宗（栄西）、曹洞宗（道元）［かっこ内は開祖の名］の六宗を指す。

バブル経済下で集金し、妄想を肥大化させた松本智津夫

池上　どんどん信者が増えてくると、松本智津夫は片っ端から信者に出家をさせたわけです。出家をする以上、もう現世に何の未練もないはずだと、全財産を現金化させて教団に寄付させた。その結果、教団はものすごく金持ちになっていく。

半藤　とんでもない額のお布施が集まった背景には、バブル経済も関係していますよね。多くの日本人が小金持ちになっていました。

池上　松本智津夫にしてみれば「これはいけるぞ！」と思うわけですよ。そして松本はオウム真理教を国教、国の宗教にしようと野心を燃やすわけですね。そのために選挙に立候補したのだけれど、全員がボロ負けに負けてしまった。

そのあたりから被害妄想が出てくるのです。選挙で不正があったのではないかと本気で思っていたようです。選挙ではとても国家体制を破壊することはできないと考えて、急激に武装化を進めるようになった。たとえばＡＫ－47、カラシニコフという銃を山梨県の山のなかで密か

につくろうとした。あるいは生物兵器としての炭疽菌。炭疽菌は亀戸でつくるのですが、失敗して異臭騒ぎになってこれを断念。

半藤　そしていよいよサリンをつくれ、となった。

池上　それからポアというのは松本智津夫が編み出した独特の概念です。ポアとは、「高いステージに上げる」という意味です。正しい道に生きていない者は、生きながらどんどん罪を重ねて魂を汚し、やがて地獄に落ちていく。だからこれ以上罪を犯さないようにしてあげることが功徳なのだ、と。魂が汚れてしまう前にポアをして、つまりこの世から消し去ってあげれば、輪廻転生のなかで再びいいところから生をはじめることができる。じつは宗教改革のときにも似たような説が出たりしました。まれにそういう発想が、新興宗教のなかに出てくるときがあるんですね。

松本智津夫は実際に手を下して殺人行為をする連中に、おまえたちがやることは善なること、よいことなのだと説得してその気にさせ、信じ込ませた。そうでないと、あんな大量殺人はできません。そして現実世界に大打撃を与えることによって革命を起こし権力を奪う、というのが松本智津夫の誇大妄想が描いた図だったということですね。

半藤　生解脱をした者、あるいは解脱をしたと思い込んだ輩は、どんどん、どんどん、人間に対する惻隠《そくいん》の情を削ぎ落としていくものなんです。酷薄になり、そして残忍にもなる。殺してやるのがむしろ幸せなんだと、勝手にそういうふうに思い込んでしまう。生身の人間は決して解脱なんかできないということを、わたくしたちはいま一度しっかりと思い知るべきです。これ、大事なところだと思います。オウム真理教事件の教訓のひとつです。

ウソにまみれた陰謀論はいまもこれからも

半藤　くどいようですが、かれらに地下鉄サリン事件を起こさせない道はあったか、と問われれば、坂本一家殺害事件のときに神奈川県警が本気になって当たっていたら、あそこまで行かなかった可能性はあります。そう思うのですが、どうですか。

池上　たしかに早い段階で警視庁の捜査員を投入していれば展開は違ったかもしれません。坂本一家の事件は神奈川県警。松本サリン事件は長野県警。オウムは当時、警視庁管内では事件を起こしていなかったので、警視庁は捜査ができなかった。かれらは切歯扼腕していたのです。

そうしたら目黒の公証人だった仮谷さんが連れ去られた。あのとき、警視庁や警察庁が、これで捜査できる、となって警視庁捜査一課の腕っこきを投入して一挙にオウムに迫る。

半藤　あれが起きるまで手出しができなかったのかしらね、警視庁は。わたくしは当時、なぜ警視庁が出てこないのかと不思議でしょうがなかったんです。

池上　東京管内で事件が発覚していなかったからなんです。着手する法的根拠がなかった。

半藤　では、大もとの警察庁が直接動くという考えはなかったのですかね。

池上　警察庁は、所轄をまたぐ事件の情報を集めて、「警察庁指定第○号事件」というふうに指定をし、それぞれの所轄にたいして捜査依頼や連絡調整をする役所ですから、指揮系統はないんです。

半藤　なるほど警察庁は、そもそも指揮も捜査もできないということか。いずれにしても、第二のオウムがこの先、出てこないともかぎらない。そのことは気に留めておきたいですね。

池上　オウム事件以降、新入生がカルト教団に勧誘されてしまうことを防ごうと、とくに東京の大学などがその取り組みをはじめました。わが東京工業大学でも、電光掲示板に「カルトに注意」などとメッセージを出しています。しかし、高校を出たばっかりの若者が「カルトに注意」と言われてもなんのことかわからない。要するに「宗教を騙る、極端な考え方の連中が若者を虜にしようとしているから気をつけてね」というメッセージが、「カルトに注意」という言い方になるのですが、これでは大学生の心に響かないのですよ。でも、特定の団体を名指しするわけにいきませんし。

半藤　たしかにそうかもしれません。心に響かせるための表現は難しい。

池上　昭和四十三年（一九六八）の東大闘争から丸五〇年が過ぎました。あの時代、地方の高校を出て、東京の大学へ行くと、キャンパスにはヘルメットを被った連中がいっぱいいて、新入生をオルグしたわけですよ。

半藤 オルグという言葉も、もう死語だねえ（笑）。

池上 オルグとは「組織化」する。つまり組織に入れるという活動家用語ですね。正義感から若者たちは、政府を打倒しなければいけないと考えて学生運動にドッと参加していった。それが全部つぶれてしまったあとの長い空白を、オウムが、あるいはほかの新興宗教が埋めていったというような事情もあるのではないかと思うのです。

半藤 学生運動の全部とは言いませんが、あのなかの過激派というのは一種のカルトだったとも言える。

池上 高校を出て大学へ。田舎から都会へ。環境もずいぶん変わる。青年期にはいろいろ思い悩むことがあるわけですよね。精神的に不安定になるときに、つけ込む組織というのは過去にもあったし、これからも間違いなく出てくる。

オウムはロシアでも少なからず信者を獲得しましたが、その背景には、あの国の若者たちが心の拠り所を失ったということがあったと思います。それまで正義であり素晴らしいものとされていた共産主義が、ソ連が崩壊するとともにガラガラと崩れた。同時に、それまで否定されていたロシア正教とイスラム教が復活するんです。ソ連においては「宗教はアヘンである」と言って徹底的に弾圧されていたのが、突然に。

このときの激変に馴染めないひとたちや若者たちを、オウムが巧みに吸収していった。日本と同様じつはまだ、ロシアにもオウムの後継団体があります。

半藤　やっぱりポスト平成、令和にもあらわれますね。カルトの特徴を指摘しておきますが、とにかくウソが多いんです。しかも陰謀論が好きときている。

池上　そうなんです。阪神淡路大震災のときにオウムは、「地震兵器が使われた」と言っていました。これをオウムの妄想、過去のことだと嗤《わら》えません。というのも、東日本大震災が起きたときに、「地震兵器が使われたのですか」と真顔でわたしに聞く若い連中がいましたからね。

半藤　いやはや、そうでしたか。

池上　東日本大震災はアメリカが密かに地震兵器を使って起こしたのだと、まことしやかに語られて、ネットでワッと拡散したんです。ウソにまみれた陰謀論を騙《かた》る者は、いつでも出てきます。

＊都道府県警制度……戦後の警察法改正で警察の単位が都道府県におかれた。知事の下に公安委員会があり、同委員会が警察組織を管理。県単位の警察が、管内の事件を一元的に取り締まる。いっぽう国の警察機関としては、内閣総理大臣の下に国家公安委員会がおかれ、その管理のもとに警察庁がある。警察庁長官は警察行政全般を管掌する。また広域組織犯罪に対処する。警察大学校、科学警察研究所、皇宮警察本部を所掌し、主要都市に警察局をおいている。

第六章

「戦争がない時代」ではなかった

湾岸戦争、ユーゴ内戦——冷戦終結で蓋が開いた

半藤　こうして日本人が内に向かってとらわれていくなかで、平成の時代の世界では、たいへんなことが起きつづけた。戦争の話と参りましょう。

池上　日本の国の元号が変わったからといって、もとより世界には関係のない話です。世界は西暦で動いているわけですから。ところが、ちょうど平成がはじまった頃に東西冷戦が終わった。平成の三〇年間というのは、東西冷戦が終わってからの三〇年ということになるわけです。

東西冷戦時代の世界は社会主義陣営と資本主義陣営が真っ二つに分かれていた。それぞれに敵対していたけれど、それでも大規模な戦争が起きないようにすること、つまり第三次世界大戦を起こさないことは、ともに重要な課題でした。ソ連とアメリカの、自分の陣営に対するグリップが効いていて、勝手な真似はさせなかった。両陣営の接点である朝鮮半島やベトナムにおいては局地的な戦争が起きましたが、それ以外の場所では抑えつけていた。核抑止力もあるなかで、言ってみれば、ある種平穏な時代でもあったわけです。

ところが東西冷戦が終わってソ連がなくなってしまった。それまではソ連の圧力のもとでうっかりしたことはできなかったのだけど、ソ連の力がなくなったいまがチャンスだと、イラクのフセイン大統領は、クウェートを自分のものにしてしまおうと攻め込むわけですよ。こうし

て湾岸戦争がはじまった。

ユーゴスラビアのカリスマ指導者チトーは、資本主義諸国と対立するいっぽう、ソ連のスターリンの言うことはいっさい聞かない、ソ連に従わないという独自路線をとっていた。ですからソ連から攻撃されるかもしれないという危機感を、ユーゴスラビアは絶えず抱えていたわけですね。じっさいソ連から離れようとした東欧のハンガリーやチェコスロバキアは五〇年代、六〇年代にソ連軍に攻め込まれていた。そういう危機感のもとでユーゴスラビアは、カリスマ指導者による統一がなされていた。「六つの共和国。五つの民族、四つの言語、三つの宗教」などと言われていて、民族も宗教も言語も違う人たちが集まっていたけれども、きわどくまとまっていました。

それが、チトーが死んでソ連が崩壊。危機感がなくなった結果、バラバラになっていく。クロアチアやスロベニアが独立し、さらにボスニア・ヘルツェゴビナが独立しようとしたら、ここで独立派のクロアチア系住民と、いまはボシュニャク人（かつてはムスリム人、あるいはモスレム人とも）と言うのですが、イスラム教徒の人たち、さらに独立に反対するセルビア人の住民とこれを支援するセルビア国（ユーゴスラビア連邦維持を主張）が対立して、内戦状態になっていくわけですね。ボスニア・ヘルツェゴビナ紛争です。

ややこしい話ですが、イスラム教徒と言っても民族的にはクロアチア系だったり、セルビア系だったりします。いっぽうでクロアチアはカトリックで、セルビアは東方正教会のセルビア正教とあって、民族はおなじなんだけど、宗教が違う場合もあります。そして、オスマン帝国に支配されていた時代にイスラム教に改宗したセルビアやクロアチア系のひとたちが、ひとつの「民族」と括られてボシュニャク人と呼ばれるようになった。こうしてソ連崩壊後、複雑に入り組んだ勢力の、三つ巴の戦争になっていったんですね。

「ヒューマニズムのための戦争」は許されるのか

半藤　お話のように、平成四年（一九九二）、ユーゴスラビア連邦が壊れていくなかで、宗教的とも民族的とも言える、錯綜した抗争がはじまった。それはたとえば連邦からの独立戦争だったり、主導権争いの内戦であったりした。いずれにしても各地で凄惨な戦闘、虐殺や無差別攻撃など、散々な殺戮が行われたのです。その旧ユーゴでＮＡＴＯ軍が空爆をはじめるのが、七年後の平成十一年（一九九九）。セルビア政府に対してセルビアの南端に位置するコソボ自治州のアルバニア人が分離独立を要求したことがきっかけでした。

ユーゴ紛争が起きてからセルビア共和国は「大セルビア」構想を唱えていて、分離独立派に武力攻撃を行っていました。その過程で「民族浄化」と呼ばれた、イスラム系住民に対する大量虐殺が行われたと言われています。

それをうけてNATOはアルバニア人の人権擁護のために、「人道的介入」として空爆に踏み切った、というのですがね。「ヒューマニズムのための戦争」という新しい戦争理論が主張されたのを見て、このときはびっくりいたしました。なにしろ宣戦布告もせずに、いきなりの空爆。これねえ、国際法をまったく無視しているんです。こんなことが通用するならば、なんでも「ヒューマニズムのためにやっつけろ！」となりかねない。

池上　ただ、NATOは事前にセルビアに対して警告していますよね。

半藤　そう、米英仏とロシアなどが仲介して、調停をしようとした。NATO軍の攻撃の可能性をチラつかせて交渉したのですが、けっきょく不調に終わっている。それを経てNATO軍の攻撃となったことはわたくしも覚えています。そしてNATO軍は首都のベオグラードを空爆した。独立国であるセルビア共和国への空爆ですから、これはもう立派な戦争でした。本来なら国連安保理の承認だって必要なんです。NATO軍司令官は「戦争ではない」と嘯《うそぶ》いていましたがね。このときセルビア側が一方的に悪者にされたような恰好でしたが、かならずしもそうではなかったという報道もその後出てきました。

池上　「人道的介入」にもとづく空爆は、じつはコソボ紛争の前、ボスニア内戦でも行われているんです。ボスニア内戦では、国連から派遣された責任者、明石康さんが懸命になってセルビアに停戦を働きかけたのだけれどけっきょくダメだった。するとNATOは明石さんのやり方は手ぬるいと言って、明石さんを追い出した。で、NATOは「人道的介入をする」と宣言してセルビア勢力を攻撃した。

半藤　たしかにこのときも「ヒューマニズムのため」。「人権擁護」を掲げての空爆・攻撃でしたね。国際社会ではその是非について議論が起きた。

池上　「武力介入による紛争解決」の結果、ボシュニャク人とクロアチア人の虐殺を防ぐことができたのだとNATOはその正当性を主張しました。

そもそも、いちばん最初に国際社会で問題になったのは、ベトナムのカンボジア侵攻なんです。ベトナム戦争が終わって、ベトナム共産党が南北統一政府を樹立しますが、おなじように隣国のカンボジアでも共産党政権が誕生します。ポル・ポト政権ですね。このベトナムとカンボジアの間で国境紛争が起きた。軍事的に優位なベトナムは一九七八年（昭和五十三）にカンボジアに攻め入るのですが、このときまでポル・ポト政権によって自国民の虐殺が続いていた。少なくとも一〇〇万人。三〇〇万人という説もあります。これが、ベトナムがカンボジアを攻撃することによって止まった。

あきらかにベトナムによるカンボジア侵攻、国連で非難されて経済制裁を受けるべき侵略行為なんです。ですが、侵攻の結果、虐殺が止まった。これをどう解釈したらいいか。当時、国際社会が悩みに悩んだ。

半藤　ベトナムのカンボジア侵攻のときも怪しいものでしたけれど、NATOの空爆のほうほどには……。

池上　たしかに、あのときベトナムには「ポル・ポト政権がしばしばわが国を攻撃してくるので、反撃のためにやった」という言い訳がありました。あるいは、「ポル・ポト政権に反対する勢力への支援」とベトナムは言っていた。ですから半藤さんがおっしゃるように、「人道的介入」を真正面から掲げた戦争行為と言えるのは、やっぱりコソボ紛争での、NATOによるセルビア勢力への空爆が最初ですかね。

半藤　あれが最初とみるべきですよ。人道という理由づけのために空爆ができるなんていうのは、それまでの世界の国際法にはないんです。

池上　しかしそうは言っても、ユーゴでのNATO軍の「人道的介入」によってボスニア・ヘルツェゴビナの殺戮が止まったし、コソボの紛争もおさまったのも事実。

半藤　だから肯定するむきもある。でもああいうことが許されるならば、二十一世紀にはどこでも戦争が起こせることになってしまいます。したがってわたくしは認めません。

さらにアメリカが主導した「有志連合」によるイラク戦争（平成十五年／二〇〇三）ですね。あれは国連の決議を経ていません。安保理常任理事国のフランス・ロシア・中国が強硬に反対。ドイツも反対を表明し、参加しなかった。ところがアメリカの開戦がどういう理屈かと言ったら「テロを防御するために先制攻撃する」。これも過去の戦争論にはありません。

池上　とんでもない理屈でした。

半藤　そういうおかしな戦争が次から次へと起きたのが二〇世紀末から二十一世紀、平成の時代なんです。平成のはじめ、イラクのクウェート侵攻で湾岸危機が起きたときに日本が何をしていたのかと言ったら、国内問題でテンヤワンヤになっていた。あわててPKO（国際連合平和維持活動等に対する協力に関する法律）法案をとおしたのが平成四年（一九九二）の六月。これもなんだかよくわからない理由がついていました。

＊NATO（軍）……North Atlantic Treaty Organization の略。北大西洋条約機構。もともとはソ連の共産圏（ワルシャワ条約機構）に対抗するためにつくられた、アメリカ・カナダと西欧との軍事同盟。ソ連崩壊後は東欧諸国からも加盟がつづいている。

＊ポル・ポト政権の虐殺……ベトナム戦争が終結してアメリカが退却したことで、カンボジアの情勢も一挙に変化した。昭和五〇年（一九七五）四月、ポル・ポトらのカンボジア共産党がプノンペンに攻め入り、民主カンボジアを宣言し政権を樹立。昭和五十三年（一九七八）十二月ベトナムがカンボジア領に侵攻し、ポル・ポト政権を追い出してヘン・サムリン政権が成立。その過程で、ポル・ポト政権下で国民を大量に虐殺していたことが発覚。実態が解明されていった。

湾岸戦争のトラウマとアメリカの圧力で生まれたPKO協力法

池上　社会党、共産党など野党が大反対をして、牛歩戦術をとって徹夜国会になった。

半藤　大騒ぎをしたけど、徹底した議論なしに、バーッと決まってしまったような印象でした。

池上　ついに自衛隊を海外派兵するのか、という大問題でしたが、野党が「派兵」と言うと与党は「いやいや、自衛隊は軍隊じゃないから派兵じゃない、派遣だ」と。

半藤　そう、政府は「派兵じゃない」と言い張っていましたねえ。バブルが弾け飛んだあと、世界がガッガッガッと変わっていくなか、それに追いつこうと強引なことを重ねていった。

池上　PKO協力法案には、日本独自で国際平和にどう貢献するかという発想はなかった。アメリカから圧力を受けてそれに従っただけでした。そもそも平成二年（一九九〇）に湾岸危機が起きて、自衛隊を多国籍軍に参加させろとアメリカから要求されるのですが、当時の海部内閣は、憲法の縛りがあるから自衛隊はそんなことできない、と断った。

湾岸戦争でクウェートが解放されたあと、クウェートは世界各地の新聞に「わが国を助けてくれてありがとう」と広告を出したのですが、そこに日本は入っていなかった。日本は一三〇億ドルもの支援をしたのに感謝されなかった。と、いうのが当時の政権のトラウマになった。金を出すだけではなく汗を流さなくてはダメだ、ということになって、PKO法をつくろうという流れになっていくわけです。

半藤　だけど、クウェートに感謝されなくて当たり前なんですよ。あの金はすべてアメリカ軍に行っただけでしたから。

池上　そのとおりです。

半藤　ところが日本政府は国際社会から嫌われたと急に慌てだした。国際社会に評価されるためには多国籍軍に参加しなきゃいけないのだ、と。妙な理屈でした。

池上　国連は、カンボジアの内戦終結にともなって実施されることになった選挙や停戦監視、治安維持などに日本の支援が欲しかった。それで当時国連の事務次長だった明石康さんを責任者に据えたわけです。日本としては明石さんを全面的に支援しなければいけなくなって、自衛隊を派遣することになった。そういう脈絡で、ＰＫＯ法案が出てきたのでした。

自衛隊をカンボジアに派遣したのはＰＫＯ法ができた直後です。それ以前の海外派遣はと言うと、湾岸戦争のときに難民輸送という名目で航空自衛隊を出している（平成三年／一九九一年一月）。そのあとペルシャ湾機雷除去のために海上自衛隊の艦隊が派遣されました（同年六月）。いずれも自衛隊法にもとづく指令で、日本の海上輸送の安全のためとされていましたね。

ですからＰＫＯ法にもとづく自衛隊の海外派遣は、カンボジア派遣が最初なんです。その翌年にはアフリカのモザンビークに派遣。さらにその翌年には中米エルサルバドル、ルワンダ難民救援と、立て続けに自衛隊派遣を行いました。

日本は昔から、「バスに乗り遅れるな」みたいな空気が支配的になることがあります。和平のために世界が協力しようということになると、日本も蚊帳の外でいるわけにはいかないと焦ってしまう。国内のその空気と、いっぽうでは政府に対するアメリカからのものすごい圧力があったわけです。ちなみにアメリカはPKOには協力していません。ずるいでしょう？

半藤 アメリカは一貫してそうなんですよねえ。平和維持活動は、国連に言われなくても世界の警察官としてずっとやってきた、と。そして、これからもやるんだと、そういうつもりでいたのかもしれませんがね。

＊PKO協力法……「国際連合平和維持活動等に対する協力に関する法律」（国際平和協力法）。
・平成三年（一九九一）七月一日・「国際平和協力の法体制整備準備室」を設置。
・平成四年（一九九二）六月十五日・同法成立。六月十九日公布、八月十日施行。
・平成四年（一九九二）九月十一日・アンゴラ人民共和国（現・アンゴラ共和国）に、民間人一人・公務員二名派遣。
・平成四年（一九九二）九月十一日・陸上自衛隊施設部隊六〇〇人を派遣。PKOによる初めての自衛隊派遣。

昭和の日本も「バスに乗り遅れるな」を叫び、負け戦に突き進んだ

半藤 ところで、「バスに乗り遅れるな」というスローガンは、そもそもどういう状況で使わ

れた言葉だったのか。なぜ日本人はその言葉にいっせいに乗りやすいのか。ここで昭和史のおさらいをしておきます。

太平洋戦争開戦の前年、昭和十五年（一九四〇）のことです。ヒトラー率いるドイツ軍が電撃作戦をはじめて、ついに六月、パリに無血入城を果たしました。快進撃を見て、日本では陸軍が息巻いた。イギリスが白旗を上げるその前に、ドイツ、イタリアと三国同盟を結ぶべきだと主張したのです。陸軍大臣をわざわざ辞任させて海軍出身の米内光政内閣を総辞職に追い込みました。そして陸軍が担いだ近衛文麿内閣（第二次）を七月に誕生させ、九月にはもう三国同盟を結んでいます。「バスに乗り遅れるな」という言葉がこのとき盛んに語られたのですが、その意味は、「早晩ドイツが勝つから、早く参戦しないとドイツの分け前にあずかれないぞ」ということでした。東南アジアのイギリス、オランダの植民地は、戦勝国ドイツの手がのびる前に押さえておきたかった。インドネシアとフランス領インドシナといった地域の資源は、日本にとって喉から手が出るほど欲しいものだったのです。このあともう一度、昭和十六年にもまた「バスに乗り遅れるな」が叫ばれることになります。

ドイツ軍の対ソ大進撃がはじまったのが昭和十六年六月二十二日。独ソ不可侵条約を無視したドイツ軍の奇襲の前に、ソ連赤軍は敗走させられました。このときイギリスとアメリカはただちにソ連援助の声明を出しています。つまりソ連が英米の陣営に入ったわけです。

いっぽう開戦後のドイツは、盛んに日本の決起を督促してくる。大島浩駐独大使をつうじて、対ソ作戦に協力をしてほしいと言うのです。作戦はたちまちドイツ勝利のうちに終了する可能性が高いとも言ってきます。オットー駐日ドイツ大使も、いまこそ日本にとって唯一無二のチャンス。対ソ軍事行動を起こすことによって、希望どおりに中国との戦争、支那事変を解決できると、リッベントロップ外相の申し入れを伝えている。それらの情報は、日本の好戦派を武者震いさせることになるのです。「ソ連が白旗を上げる前にこそ立つべし」「バスに乗り遅れるな」、とかれらの勇み足を早めさせた。そしてこの国は情勢分析と政治判断を誤り、全国民を巻き込んだ凄惨な負け戦さに突き進むことになったわけですね。国民はほとんど思考停止の状態でした。軍部や政府の言うがままに闇雲に走り出していた。この話、覚えておいても損はないです。

9・11後のアフガン攻撃で、ドイツ軍の歯止めも外された

半藤　まあ、それにつけても、世界は平成になってからほんとうに音をたてて変わっていった。欧州連合・EUが成立したのが平成五年（一九九三）ですか。

と、いうようなことを考えると、日本は国際的にはまったくこれ、無関心でありすぎた。そしてまた「バスに乗り遅れるな」と、エッサエッサとその場しのぎの法律を慌ててつくってき

ました。腰を据えた議論がなかった。

池上 ドイツもまた、国際社会からおなじような圧力を受けました。日本は敗戦後、戦争放棄を国是としたわけですが、ドイツの場合は東西に分割されたことによって徴兵制が維持され国防軍が存続することになった。そのいっぽうで第二次世界大戦の反省から、西ドイツ軍の活動はNATO軍のなかに限られることになりました。NATOの外には出ないという歯止めがあったのです。

それが一変したのがアフガニスタン攻撃。平成十三年（二〇〇一）9・11で、アメリカがイスラム過激派による同時多発テロ攻撃を受けた、その翌月のことでした。

半藤 「対テロ戦争」と名づけられた「防衛戦争」つまり「先制攻撃」を、NATOの集団的自衛権発動という理屈ではじめたのでしたね。

池上 ドイツ軍がNATO軍に入って派遣されるときに、ドイツ国内が大騒ぎになるんです。ドイツはNATO域内での活動は認めてきたけれど、NATO域外のアフガニスタンに果たして軍隊を派遣していいのかどうか。大議論になった。結果的に、それをやってしまった。ドイツは軍をアフガニスタンに派遣しつづけ、いまもアフガニスタンではドイツ兵が死んでいます。

半藤 えっ？　いまも死んでいるのですか。

池上 ええ。ドイツ軍がアフガニスタンに派遣されるときドイツ政府は、どこかで聞いたようなセリフなのですが、「戦闘地域には派遣しない」と言っています。戦闘地域には派遣しないという建前でしたが、アフガニスタンに行ってみたら全土が戦闘地域だった。

半藤　ちょうどその頃のことだと思いますが、わたくし、アフガニスタンで現地のひとたちのために井戸を掘ったり、灌漑《かんがい》で川をつくったりしている医師の中村哲さんと会う機会がありました。中村さん、こう言っていましたよ。日本はアフガニスタン人から信頼を寄せられていますが、ドイツはダメです、と。日本人以外、あとは全部ダメ。ただその日本にたいする信頼も、いつまでつづくかわかりません、とおっしゃった。

イスラム過激派をさらに勢いづかせたブッシュの「十字軍」発言

池上　世界に衝撃を与えた平成十三年（二〇〇一）9・11で米国に攻撃を仕掛けたその首謀者はオサマ・ビンラディンですが、そもそもオサマ・ビンラディンを生むきっかけは湾岸戦争でした。イスラム教の聖地を二つ抱えるサウジアラビアに、アメリカ軍が駐留した。それに対してオサマ・ビンラディンが反米意識を高めて、アフガニスタン国内で反米テロ組織アルカイダをつくった。そしてアメリカに対する攻撃計画を実行に移していったという経緯があります。

9・11のあと、ブッシュ大統領はあろうことか、テロとの戦いについて「十字軍の戦いだ」と言ったんです。側近たちはさすがに泡を食って訂正させたのだけれど、もうそれを聞いたアルカイダは大喜びですよ。かつてキリスト教社会が、平和だったイスラム教世界に突然攻め込んだのが十字軍でしたからね。

半藤　わたくしらが子どもの頃習った西洋史では、十字軍は「正義の戦」でしたがとんでもない。イスラム側から言わせれば凶暴なる侵略者です。

池上　それまでオサマ・ビンラディンは、自分たちの戦いは「十字軍との戦いだ」と言って正当化していたのですが、イスラム社会一般には説得力がなかった。ところが当のアメリカ大統領のブッシュがわざわざそう言ってくれた。ここから急激にイスラム過激派は勢いづいた。

半藤　9・11のあとの米国の変化、世界の激変に気がついて、日本の政府は慌てだし急ぎましたね。小泉首相は（平成十三年／二〇〇一）九月二十五日には、ワシントンでブッシュ大統領と会っています。会談で「米国の報復行動に同盟国の一員として、最大級の支援と協力を惜しまない」と述べて、「国際社会の一員として責任を果たしたい」と言っています。ブッシュの「テロとの戦い」を支持すると表明したのもこの会談でのことでした。そして帰国するやすぐに、テロ特措法成立に動き出したというわけです。

このとき日本にとって、ほかに選択肢はなかったのかと問われれば、なかったと答えるしかないでしょうね。やっぱりアメリカの傘の下にいるあいだは、ない。アメリカの言うとおりにならざるを得なかった、ということだと思います。

イラク派兵の責任を追及された英政府、どこ吹く風の日本政府

池上　アメリカがアフガニスタンを攻撃しはじめたのが、十月七日。日本でテロ特措法が国会を通過し施行されたのは、十一月二日です。これでインド洋に護衛艦などを派遣して、NATO軍への支援活動に向かったのでした。

問題はこのあとだと思います。二年後にアメリカ・イギリスはイラクを攻撃しますね（平成十五年／二〇〇三年三月二〇日）。大量破壊兵器を隠し持っている、査察を妨害しているという疑いでした。日本もイラク特措法（同年七月二十六日成立）をつくって参加していきました。

PKOというのはそもそも国連の組織ですから、国連加盟国であればPKOに協力するそれなりの義務、道徳的義務感というのはあるわけです。そういう意味ではPKO協力法によって自衛隊を派遣するというのは大義名分が立つ。ところがこのとき日本政府は、イラク特措法を新たにつくってイラクのサマワにも自衛隊を派遣した。アメリカ・イギリスが、国連決議がないままイラクを攻撃したのはご存知のとおりです。このときのアメリカへの協力は極めて問題が多いとわたしは思っています。

半藤　しかも日本は、その後の検証すらきちんとはやっていませんしね。

池上　そうなんです。いっぽうイギリスはと言うと、ブレア政権がやったことに対して、とて

つもなく膨大な調査報告書をつくった。

半藤　要するにイギリスは、イラクが大量破壊兵器を隠し持っているというのは誤報だったという事実を受け入れて、自らの判断の過ちを反省したんですよ。しかし日本政府は知ったこっちゃないんです。どこ吹く風でした。

池上　外務省にわずか四ページの概要報告書を公表させただけですね。ほんとうに薄っぺらい報告書です。あえて乱暴な言い方をするなら、「だからやむを得なかった」みたいな感じのレポートでした。本文はいまもって非公開です。半藤さんがおっしゃるように反省しているわけじゃない。イギリス議会はブレア首相の責任を追及したが、日本の国会で小泉首相の責任を追及したというようなことは、ついぞありませんでした。

半藤　それどころじゃなくて、勇ましい小泉さんは構造改革を掲げてがぜん人気者になっちゃったからねえ。

池上　そうでした。ただその背景の違いを見ると、イギリスはアフガニスタンで大勢兵士が死んでいる。自衛隊には戦闘による死者はなかった。この差は大きいでしょうね。

　このときの逸話として興味深い話があります。アメリカとイギリスが中心になってアフガニスタンに攻撃をしたとき、米英ともに多くの死者が出た。そんなさなかにブッシュとブレアが首脳会談をやった。するとブレアがブッシュにこぼすんです。

「わが国イギリスでは兵士が死ぬと首相が遺族にお悔やみの手紙を書くことになっているのだが、そういう手紙を書くのは非常につらい」と。するとブッシュが「何がつらいものか」と言い返した。正義の戦いで死んだ兵士を讃える手紙を書くことは、決してつらいことではない、と言った。

半藤 つまりブッシュはあれを聖戦だと考えていたというわけですかね。

池上 ええ。そういう意味ではイスラム過激派とおなじですよ。イスラム過激派は聖戦で死ねば天国に行けると思っている。ブッシュも十字軍の戦いという聖戦で死ねば天国へ行けると思っていた。だから悲しむことはないじゃないかと大真面目に語っていたのです。

悠仁親王に講義した日本の国防の話

半藤 いずれにしても令和の日本には、今後、国防をどう考えるのかという課題が残された。「日米安保条約を破棄しますか」という問いがあります。破棄したほうがいい、と主張するひともいます。しかしこの問題を議論するときに、わたくしはいつも言うことがあるんですよ。それは「この国は守れない国なのである」ということ。このことを日本人はもう少し知っておいたほうがいいと思います。

もうしゃべってもいいでしょう。じつはわたし、昨年平成三〇年（二〇一八）八月十五日の終戦記念日に、秋篠宮様の坊や、悠仁くんに昭和史の講義をいたしました。二時間半やってくれと頼まれて、宮邸に出かけて行った。親王殿下は小学六年生です。その年齢の子にもわかりやすいように戦争へのいきさつを話してやろうと思って準備しました。で、こういう話を最初にしたんです。

日本はものすごく海岸線が長い。国土の面積ではアメリカの約四パーセントしかありませんが、海岸線の総延長では、アメリカの二万キロメートルに対して日本はじつに三万五〇〇〇キロメートル以上です。しかも列島の真ん中に急峻な山脈がまるで背骨のようにとおっていて平野がおおむね狭い。人びとは奥には逃げられないんです。

列島の北から南まで、この海岸線の長い国を守るのはたいへんなことでして、近代日本には、点在する海岸線の街を守るためにどれくらいの陸軍の兵隊を配置しなければならないのかという難問が生まれた。つまり海岸線で守ろうと思ったら、もうむちゃくちゃな数の陸軍の兵隊さんを並べなきゃなりません。そんなにたくさんの兵隊さんを並べたら、当然、若い人が多いわけで働くひとがいなくなってしまいます。

「勝海舟とか、坂本龍馬とか、そういう名前を殿下はご存知ですか?」と聞いたら、「知ってます」なんて答えていましたけどね。だから勝海舟というひとは、幕末の時点で、日本の国を外国の勢力や軍艦から守るためには海軍しかないと確信するに至ったわけです、と。

明治の指導者たちもこの国をどうやって守るかと、みんなが頭を悩まして、太平洋側は海軍を強くして海上で守るよりしょうがないと考えた。さらに北からの脅威や日本海側の守りはどうするかについては、朝鮮半島を防衛の最前線と位置づけて外からの侵略を塞ぐことにした。それから一五〇年もの時が流れましたが、国土の特徴は変わりません。しかも日本には一一〇の活火山がある。地震と火山噴火はもう日本では永遠に続く大問題としてあり、しかも資源がない、生産力も強くない、と話しました。こういう国土なのだということをしっかりと認識しなきゃいけないのです、というような話を延々とやったんです。

日本の国は地政学的にそういう守るには非常に難しい国土であって……。そうそう、「地政学ってわかりますか」と聞いたら、殿下は「わからない」と言うので、秋篠宮が字を教えていましたよ。質問がありますかと聞いたら「なぜアメリカは広島に原子爆弾を落としたんでしょうか?」と。わたくし、いちおう答えたんです。大雑把な答えでしたけど。けっきょく坊やに講義をしたのが一時間。そのあとやたらに質問する秋篠宮に講義したのが一時間半。後半は秋篠宮相手に昭和史の話になっちゃった。

ということで、こちらの話に戻りますが、言いたいことは要するに、日本の国防は非常に難しいということなんです。しかもいまはその海岸線に原発がずらり。ですから、「バスに乗り遅れるな」とばかりに、十分な議論も経ずして紛争地に出て行くことは、できるだけ慎重になったほうがいい。

日韓対立は日本のためにならないことを理解できないひとたち

池上　日本にとって朝鮮半島は、国際情勢しだいではユーラシア大陸から突きつけられたナイフのようなものにもなります。ここをロシアに押さえられることになっては国の守りが危うい。だからこそ、朝鮮半島をなんとかしなければいけないと日本の近代の指導者は考えたのだと思います。日露戦争も、もとを正せば朝鮮半島をめぐっての諍いでした。

　ということを、いまの若い人は意外に知らない。かつて日本は朝鮮を武力で併合してしまったわけですが、いまのような国際協調の時代にそんなことはできようはずがない。日韓や日朝が対立したままでは、東アジアの安定のために、ひいてはこの国のためにもよくないのです。

半藤　そういうことですね。当然そういう話になる。ところが困ったことに、平成十七年（二〇〇五）前後から、日本の国には大きな声で嫌韓を唱える者が多くなった。そういう風潮があって、国防問題をまともに話すことができないという、じつに情けない状況に至っている。

池上　反韓のきっかけのひとつが、ワールドカップの日韓共同開催（平成十四年／二〇〇二）だったと言うひともいます。かれらと一緒にやることに対する反発みたいなものがワッと広がったと。

半藤　自分たちを嫌っているような連中と一緒になってやることないじゃないか、というような感情があったのでしょうかねえ。

池上　あるいは、いわゆる韓流ブームで日本の女性たちが韓流スターにキャーキャー言ったのを、気に食わないと思った日本の男たちが大勢いたのかどうか。なにしろいま、朝鮮半島を大事にしなきゃいけないなんて言うこと自体が反日なんだ、という理屈さえまかりとおっている始末です。

やっぱり産経新聞の影響が大きいですよね。産経新聞は平成二十六年（二〇一四）から「歴史戦」と名づけた特集記事を掲載しています。歴史上韓国とのあいだで何があったか、その論戦で勝たなければいけないというような一大キャンペーンを張っているんです。

半藤　はあ。そういう新聞記事を若者たちがネットで真っ先に読んでいるわけか。社会の意図的な記憶喪失は、やがて全体主義の再来を呼び込むことになりますよ。

池上　紙の産経新聞は、いま一四〇万部ぐらいなのですが、ネットでの影響力というのはすごいです。

半藤　こんなことじゃホントに困る。国防問題についてわたしの考えを申しますと、日米安保は維持せざるを得ない、これはやむを得ないと思っているんです。いま国防予算は五、六兆円ですよね。新型戦闘機をトランプから買わされたり、あるいはイージス・アショアを買うの買わないので、予算はどんどん増えていますがね。

もし仮に日米安保を破棄して日本が自主防衛するために独自の国防力をもつとなったら、どのぐらい金がかかると思います？　防衛大学校の教授二人がその場合の国防予算のシミュレーションをやった。それによると二十三兆円もの金がかかるんだそうですよ。これは核兵器をもたない場合の予算です。いわんや核兵器なんかをもつなんて言ったらとんでもないことになる。核兵器をもつとなると、核拡散防止条約から外されて、たちまち経済封鎖。経済封鎖を食らったら日本の国はもうお手上げです。とにかく地政学的に武力では守れない国なんです。

日本が核兵器をもてない明々白々な理由

池上　アメリカの空母がいま横須賀に来ていますが、もし日米安保を破棄してアメリカ軍の空母がいなくなったら日本独自の空母をもつことになる。その空母機動部隊の運用費も入れるとその金額になるというわけですね。

半藤　もちろん、それに空母の維持費に莫大な費用がかかる。それらも含めての金額です。そんな金がいまの借金大国の日本のどこにあるのですか。

池上　日本が核兵器をもつべきだと言っているひとも一部にはいる。某有名タレントが飲み会の席でわたしに、「日本は核兵器をもつべきだ」と勇ましいことを言うものですから、日本が核兵器をもてないのはなぜか、という話を縷々《るる》したことがあります。ひとつは、半藤さんがおっしゃるとおり、核拡散防止条約から脱退をしなければいけませんよね。そうすると経済制裁と同時に、ウランを海外から輸入できなくなる。ウランが入ってこなくなるということは、日本の原子力発電所も止まってしまう。原発反対派にとってはいいことかもしれませんけど。

まあ、仮に核兵器をつくったとしましょう。つくった核爆弾はミサイルに搭載することになるわけですが、その核ミサイル基地はいったいどこにつくるのですか、という問題になる。

半藤　また沖縄ですか？

池上　どこに置くにしても、ミサイル基地のありかは衛星ですぐにわかってしまう。衛星で捉えられないようにするには南アルプスにでも横穴を掘って基地をつくるのですか、と。

ともかく日本のような縦深性のない狭い国土のなかには、隠し通すことなどできようはずがありません。いっぽうアメリカは、テキサスやネバダの砂漠のなかに、巨大な地下トンネルをつくって核ミサイルを常にその中で移動させ、衛星からもわからないようにしている。アメリカはそれが可能な広大な国土をもっている。それこそ地政学です。

核保有国イギリスも日本とおなじような小さな島国です。そこでイギリスはどうしているかというと、原子力潜水艦に核ミサイルを積んで、常に北海のどこかに潜ませておく、というやり方を採っている。日本が核ミサイルを持つならば、ディーゼル型の潜水艦は長期間潜っていられませんからイギリスとおなじように原子力潜水艦をつくる必要が出てくる。経済制裁でウランが入って来なかったら原子力潜水艦の原子炉の燃料をどうします？

半藤　原子力潜水艦がなければ抑止力にならないんです。要するに、北朝鮮が何もアメリカにできないのは、原子力潜水艦がないからです。

池上　ええ。しかもその運用ということになると、つねに日本海溝なり日本海に潜ませておくためには一隻ではダメ。最低、三隻必要なんです。原子力潜水艦三隻を運用して、初めて最低限の核抑止力が完成する。さあ、日本はそれができますか、ということですね。

半藤　その、核兵器保有論者のタレントさん、押し黙ったことでしょうね。

物理的に、日本が核ミサイルをもつというのは、つまりそういうことなんです。くり返しますが、借金大国の日本がね、それだけの予算をほんとうに投入できるんですか、ということなんです。いずれにしても、平成のあいだに国防問題については慌てていろんなことをやってきたけれども、果たしてどういう国をつくろうと考えてきたのか、そこがわたくしには、さっぱりわからんのですよ。

移民→外国人材、空母→多用途運用護衛艦、言い替え放題の政権

半藤　関連して、いまの安倍内閣批判をひとつだけ言わせてください。

日本の国は戦争中に、いかに国民を騙すために言い替えというのをやったか。「撤退」じゃなくて「転進」。「全滅」を「玉砕」。安倍さん、いま似たようなことを盛んにやっているんです。たとえば「戦闘」じゃなくて「武力衝突」と言った。

池上　南スーダンでの「戦闘」はなかった。「武力衝突」があったと言いました。

半藤　「武力衝突」というものは間違いなく「戦闘」ですよ。それから「共謀罪」を「テロ等準備罪」と言い替えた。それから、公文書の情報公開を阻む法律を「特定秘密保護法」と言い、「武器輸出」は「防衛装備移転」と言うことにした。「カジノ法」は「統合型リゾート実施法」。

池上　ＩＲ法ですね。

半藤　言っときますがね、カジノはイコール博打ですよ。さらに「移民」を「外国人材」。「単純労働者」を「特定技能者」。ヘリ搭載の護衛艦を「空母」化しても「多用途運用護衛艦」。それで肝心の「安全保障関連法」を「平和安全法」ですか？「積極的平和主義」っていったいなんです？

意味をごまかすこういう言い替えに、国民がいいように騙されているのがどうにも面白くない。日本国民は池上さんにどんどんくわしく教えを請うて、核兵器はいかにもてないか、なぜ戦争のできる国にはできないかということを、もう少し理解してほしいと思いますがね。

第七章　日本経済、失われつづけた三〇年

経済は二流に、官僚は三流になり下がった三〇年

半藤　企業の業績や将来性をはかるのに「時価総額」という尺度が使われます。「時価総額」は、株価に対して、発行している株数の総数を掛けてはじき出す。要するに、いま現在この企業にはどれほどの価値があるのか、ということを示す金額ですね。

平成元年（一九八九）と平成三〇年（二〇一八）の「世界時価総額ランキング」の比較表（『週刊ダイヤモンド』二〇一八・八・二五号／「平成経済全史」所収）が手元にありますが、上位五〇社中、元年に日本企業は三十二社もあった。いまは名前もなくなっている銀行がズラッとランキングされていました。それが三〇年にはトヨタ自動車のたった一社です。

このデータだけで一目瞭然。日本企業の凋落ぶりがわかります。野口悠紀雄さん曰く、この三〇年は「没落の歴史」だそうです。

言い換えれば、三〇年前の日本企業がとんでもなく絶好調であったことがその「没落」を際立たせている。まさに当時は金満日本。ニューヨークの摩天楼ビルも名だたるブランド企業も日本の不動産業者などが買い漁っていました。そんなお大尽な振る舞いを、わたくしは当時、眉にツバして見ていましたがね。それがホントにできてしまった。

平成の経済を決定づけたのは、そんなバブル経済の狂奔と崩壊です。では、なぜそれが起き

たのか。この凋落を食い止める分岐点は果たしてあったのか。それらについて論じていきます。もっぱら経済問題に弱いわたくしが聞き役ですのでよろしくお願いします。

池上 教科書的に言うならこうなります。バブルが崩壊して生じた傷の修復をすることができずに、九〇年代から激変する世界の構造変化に対応することができなかった。電子技術産業の巨大化、中国に代表される新興国の工業化、金融ビジネスの情報化と高度化など、そういう世界の動きから取り残されてしまった、ということなのですが。

半藤 政治は二流、経済は一流と言っていたけど、さにあらず。経済も二流になり下がったというわけですね。

池上 あるいは政治は二流、官僚は一流と言われたこともありましたが、官僚が二流どころか三流になってしまった。

半藤 そうです。この三〇年で官僚はほんとうに三流になった。与党の政治家がやたらに政治主導を唱えましたね。官僚主導はよろしくないと。

池上 バブルまでの銀行は護送船団方式でした。つまり中央省庁の官僚たちが航路をつくって、それに従って進んでいけば落ちこぼれることなく安定的に経営できるという考え方です。具体的には、官僚が金融界を規制しながら保護することで、産業全体に資金を供給するという方法をとった。

しかし国際的な競争が本格化し、バブルのツケである不良債権が巨額になったために、このやり方では立ち行かなくなった。官僚の手に負えなくなるにつれ、政治家が前面に出てきた。「政治主導でやらないと問題が解決しない」という建前でした。その実、行政の主導権、国家運営の舵とりを官僚から奪い返そうとしたわけですね。政治主導で官僚の力を削ごうというのは民主党政権からでした。

半藤　その旗を振ったのが民主党幹事長だった小沢一郎。

池上　民主党政権はずっこけたけれども、それをそのまま引き継いだのが安倍政権です。安倍政権では、内閣官房が各省庁の要の人事を握ることになりました。とりわけ大きかったのが、内閣法制局長官の人事です。それまでこの役職というのは、次長になったひとが次は長官になるというように、自律的にトップが決まっていく仕組みだった。ところが集団的自衛権を認めさせるために、安倍さんは長年のそのルールを破壊した。外務省のフランス大使だったひとで、集団的自衛権を認めるべきだという考えをもつ人物をトップに据えたわけです（平成二十五年／二〇一三）。

じつはこれ、総理大臣に許された権限でして、法律に反したことをしているわけではないんです。しかしながら歴代の自民党政権で、たとえば竹下登は「司《つかさ》、司に任せて」という言い方をしていましたし、宮沢喜一は、「権力者は権力の行使に抑制的になっていなければいけない」という考えをもっていた。かなりの部分を官僚に委ねていた。要するに、総理大臣にはいろいろ権限はあるんだけど、無茶なことはしない、という暗黙の了解があったわけです。

ところが安倍政権は、できるものは何でもやろうとし、実際にやった。このあたりから官僚の無力感が生まれ、それと同時にかれらは「内閣官房からニラまれたら将来がない」と怯えるようになる。で、ひたすら忖度するようになってしまった、とわたしは見ていますけどね。

半藤　だと思いますね。まったくそのとおりだと思います。それにしても、官僚も情けない。大来佐武郎はじめ、戦後日本をつくってきた官僚のひとたちは、もう少し日本のため、公のためということにたいする義務感をもっていましたよ。

＊大来佐武郎……大正三年（一九一四）生まれ。東京帝大工学部から逓信省へ。戦後は、吉田茂首相の政策ブレーンとなり、経済安定本部で所得倍増計画をすすめる。戦後の経済成長、国民生活の向上に資した。政策研究のシンクタンクの充実に努め、国際的なネットワークづくりに尽力した。アジアのノーベル賞といわれる「マグサイサイ賞」（平和・国際理解部門）受賞など、国際栄典も多数。

プラザ合意後、株ブーム、不動産投資、雑誌バブルも

池上　ちょっと時間が飛びすぎました。話をバブル期に戻します。
日本で株や土地の投機がはげしくなり、実態以上に資産の価格がふくらむ、いわゆるバブル

のきっかけは、やはり昭和六〇年（一九八五）の九月のプラザ合意だと思います。これからは金融の時代、そして国際化の時代になると言われました。当時、国土庁が東京のビルの需要が非常に高まるという予測を発表しているんです。「ジャパン・アズ・ナンバーワン」の中心、東京には海外の企業がどんどん進出してくるから、土地が不足するようになる、と。これがひとつの引き金になりました。じっさい東京はオフィス不足が深刻になってきて、この先、地価はドンドン上がるだろうと誰もが思うようになった。

もうひとつの引き金は電電公社（現在のＮＴＴ）の民営化です。このとき国がもっていた株を一般に売り出すことになった。ＮＴＴ株は儲かるらしいと噂が広まった。新規公開株を買うためには証券会社に申し込んで抽選に当たらなければいけませんから、このとき、初めて証券会社に口座を開いた、なんてひとも大勢いました。経済誌が「ＮＴＴ株ひと株で、ベンツが買える日」という特集を組んだりしていたんです。ＮＴＴ株の公募価格は一株一一九万七〇〇〇円。それが二カ月後には三一八万円になった。文字どおりぬれ手で粟という感じで、ここから一大株取引ブームがはじまった。それまで株とはまったく縁のなかった専業主婦までもが、次つぎに株取引をはじめるようになっていく。

さらに株ブームをあおったのが「時価発行増資」です。会社が新たに資金を調達するには、銀行からお金を借りるか、新株を発行して投資家に引き受けてもらう。ほかにも社債発行などがありますが。
その新株発行を時価でやるわけです。株価が右肩上がりですから、公募価格も理論値より何割も高く設定されました。強気の公募価格でも買い手がついて、そのうえ公開されるとたちまち値が上がる。公募で当たって買ったひとは大儲けをするわけですね。こういう事例が毎日のように起きて、株ブーム、株取引の狂乱となっていった。
そして企業は莫大な資金調達が可能になった。予想以上に金が集まってしまった。新しい事業に投資してもまだ金が余る。じゃあどうする？　土地を買っておこう、株を買っておこう、となったのです。するとその土地を担保にまた金が借りられる。その借りたカネでまた土地や株を買う。それがまた値上がりする。ここから一挙にバブルに発展していってしまった。

半藤　なるほど、よくわかりました。バブルのときにわが文藝春秋でも、バカな経営陣（わたくしも含めます）が怒濤の三誌創刊だと言い出して、新雑誌を三誌も出したんですよ。

池上　あのとき景気がよすぎて、既存の雑誌媒体に広告が収容しきれなくなったんです。

半藤　まさにそういうことでしたねえ。わたくしはあのとき役員でしたが、わずかに反対の意を表明したのはわたくしひとりだけでした。簡単に新雑誌、新雑誌と言うけど、編集者だけ集めたってダメなんですよ、とクギを刺した。営業も宣伝も人員が必要になるから固定費が一挙に膨れ上がるぞ、と。そう言ってボソボソと反対したんですがね。おまえは経済を何にも知らんなあと笑われておしまいでした。

池上 そのときの三誌ってなんですか。

半藤 『マルコポーロ』『ノーサイド』『サンタクロース』。いまは全部消えてなくなりました。残ったのは新規採用の過剰な人員だけでした。出版界もバブルに浮かれたという余談ですがね。話を戻しますが、わたくしが不得手とするところなので、ここはわかりやすく教えていただきたい。そのバブルが崩壊へと向かう決定的な出来事とは、果たしてなんだったか。

池上 バブルで手にした巨額の資金を元手に、日本の銀行は世界中にどんどん進出していきます。海外のいろいろな有力企業に日本の銀行が融資をしようということになると、欧米の銀行が存在をおびやかされるわけです。当時、海外の金融機関は日本の銀行はやりすぎだと見ていました。そこで日本の銀行を抑えるためにはどうしたらいいかと考えた。そこで日本の銀行の財務状況を検討した結果、自己資本が少ないことに気づく。

半藤 外国の銀行からの反撃を食らうことになるわけですね。

「平成の鬼平」と讃えられバブル潰しをやりすぎた三重野総裁

池上 ええ。そんなわけで、一定の自己資本比率を維持しないと、金融機関は国際的な取引ができないというルールを、スイスに本部を置く国際決済銀行（Bank for International

Settlements　各国中央銀行で構成する機関）でつくるのです。それが「ＢＩＳ規制」です。
　銀行が、株式会社として自分のためにもっているお金が自己資本。自己資本比率というのは、銀行が融資している総額に対して、自己資本がどれだけの割合なのかという比率ですね。自己資本比率が八パーセント以上なければいけないというルールをつくった。
半藤　日本の銀行は、それより少ない自己資本でやっていたのですか。
池上　自分の金は少ないのだけれど、ものすごくたくさんの預金が入ってくるものですから、それをいろいろなところに貸し出すことができた。ところが自己資本を八パーセント以上にしなければいけないということは、貸し付けを減らすか、自己資本を増やすしかありません。
　ちょうどこの頃、バブルが弾ける。バブルが弾けて日本の金融機関が不良債権を抱え、危うくなってきた。自己資本比率八パーセントを守るために、ひいては自分の銀行を守るためには融資を減らさなければいけない。貸し渋りが起きるわけです。それによって急激に不況が深刻化するという事態になった。
半藤　貸し剝がしという言葉もありましたね。
池上　ええ。要するに銀行の態度がガラッと変わったんです。と同時に、そのほかの面からもバブル退治が行き過ぎてしまった。例をいくつかあげましょう。
　不動産価格が高騰してふつうのサラリーマンがマイホームをもてなくなってしまった。サラリーマンの不満が高まった。これは政治的になんとかしなければいけない、となって政府は手を打った。まずは、土地の値段が上がるのをなんとか避けようとして地価税を新設した。不動産取得税とはまた別に、土地の売買に当たって税金をかけることにしたのです。さらに大蔵省が「総量規制」をやった。銀行が不動産や土地の取引にどんどん金を貸すことを止めさせようと、不動産向けの貸し出しを抑えるように指導した。不動産以外の融資の増加率を超えて不動産に貸し付けることを抑えなさいと各銀行に迫ったわけですね。

これを各銀行は忖度し、「要するに不動産向けには貸すなということだ」と理解し、ある日突然、銀行は土地を買いたいというひとに金を貸さなくなるんです。土地を売ろうにも誰も買えなくなって、ここからです。土地の価格が暴落していく。

さらに日銀が、金利を、当時は公定歩合という名称でしたが、これをどんどん上げていった。金融引き締めです。あのとき日銀総裁は三重野康さんでした。三重野総裁がバブル退治をやっているさなか、評論家の佐高信さんが三重野総裁のことを「平成の鬼平」と褒め讃えました。どうも三重野総裁、あの喩《たと》えがいたく気に入ったらしい。すっかり鬼平の気分になって、バブル潰しを一生懸命やったという説がありますが（笑）。

半藤　実際、バブル潰しをやって地価は五年で三分の一、五分の一、いやもっとか。やっぱりやりすぎましたよね。

「〜するはずがない」で進んだのは帝国陸海軍と同じ

池上　いわゆる土地神話を日本人は信じ込んでいました。日本は土地が少ないのだから、下がるわけはないと。

半藤　有史以来、日本の土地の値段だけは下がったことがないぞ、なんて言っていましたね。

池上　ええ。ですからちょっと下がったところで、それは一時的なもので、値段はすぐまた戻るだろうとみながタカをくっていた。というわけで、しばらく不良債権処理をしなかったんです。

みんなが土地を担保に金を借りていた。だから金を返せなくなった場合は担保である土地を銀行が取り上げて、それを処分し換金することになる。ところが土地の値段が下がっているときに処分すると損失が出てしまう。土地を処分しないで我慢してもっていれば、いずれまた土地の値段は上がるはず、と見ていたわけです。

半藤　帝国陸海軍においても、「あるはずだ」と「あろうはずがない」が幅を利かせていました。これ、なぜか説得力をもつんです。

破竹の勢いで勝ち進むナチスドイツがイギリスに負ける「はずがない」。

ソ連はドイツに牽制されてしまうから攻勢を日本にしかける「はずはない」。

欧州と太平洋と二正面作戦に力を引き裂かれたアメリカは戦意を失う「はず」だから、有利な条件で講和に持ちこめばいい。そうなるに違いない、と、まあ、ドイツの勝利をあてにして開戦へとぐんぐん歩を進めましたからねえ。

池上 それから先送り体質ですね。いまやると損害が出るからとりあえず先送りすればいい。銀行員は一カ所の担当がせいぜい二年か、三年。いずれ異動する。不良債権処理をすると、それを決裁した先輩の偉いひとたちの、貸し出しの失敗を露わにしてしまう。そうすると自分の出世が危ない。だから先送りをするんです。ところが予想に反して地価はどんどん下がっていって、傷を深くした。どうしようもなくなって、銀行が潰れはじめたわけですね。

半藤 なるほど、いまのお話でよくわかりました。でも司馬遼太郎さんの言葉じゃないけれど、土地というものは本来日本人みんなののものなんです。それを投機の対象にして、欲の皮を突っ張らせて弄んだのがそもそもいけませんよ。

＊司馬遼太郎の言葉……バブル期の土地投機について、司馬遼太郎が伝説の経営者松下幸之助との対談で嘆いている（『土地と日本人』）。
「司馬　ちょうど水とか空気とかが公有なように、土地も公有であるべきですね」（中略）「松下　資本をほしいままにして土地を買い取り、それを金もうけのためにまた売る、それをつり上げていく、そういう行為、行動は厳に慎むという良識がないとあきませんな。そういうことを小学校の一年生から教えなければいかんです

な」（中略）

「司馬　土地は公有だという合意が原則だけでも成立しない限り、土地の上に成立している政治、経済あるいは人文などの諸現象の生理は土地の病気をそのまま受けますから、異常が異常をかさねてゆくのではないでしょうか。まあ、崩れるところまで崩れきるのを待たなければしようがないということもあるかもしれませんが」

「財テクをやらない経営者は無能」と言われた時代

池上　「財テク」という言葉をつくったのは日本経済新聞でした。

半藤　ほう、そうでしたか。当時、叫ばれましたねえ、「財テク」という言葉が。

池上　有名な経済評論家が、「財テクをやらない経営者は無能だ」と言ったことを覚えています。

半藤　あの頃未来学というのが流行って、語られる未来はやたらと明るかった。

池上　わたしの同級生が当時、ある会社の社長の下で、会社の未来をどうつくっていくかというプランをまとめる部署にいました。同業他社が財テクをやって儲けているときに、その会社はやろうとしなかったんです。

半藤　池上さんのご友人がそう提案した？

池上　いや、逆です。友人は土地を買って、財テクをすべきだと社長に強く提案したそうです（笑）。すると当の社長は「そんなことをしてはいけない」と言っていっさい手を出さなかったのですって。その結果、バブルが弾けたあと、同業他社はみな深い傷を負うのですけど、同級生の会社だけは無傷だった。

同窓会で、「あのときはなんて不見識な社長なんだろうと思った」と苦笑していました。かれは、わたしよりはるかに冷静で理性的な男だったのですが、そいつですらバブルのときは「土地だ、財テクだ」と言っていた。そういう時代だったのだなあ、と。

半藤　あの頃の日本人は、ほとんどが……。もっとも、わたくしは「財テク」なんてやりませんでしたけど（笑）。

池上　とにかく、浮かれちゃったんですよね。

日中戦争開戦の年の経済成長率は二十三・七パーセント

池上　じつはバブルって、過去に何度もあるんですよね。日本では、江戸が終わって明治になったばかりの頃、失職した武士のあいだでウサギを育てるのが流行ったことがありました。これが一大ブームになるんです。ウサギが高い値段で売買されるようになったのですが、過熱ぶりを抑えるために政府がウサギ税を課すと、いっきにブームは去り、けっきょくは弾けるわけですね。ウサギバブルというのがあったんです。

半藤　それと昭和十二年（一九三七）がまさにバブルだった。一般に、戦前の昭和というと貧しいイメージが強いかもしれないけれど、ずっと貧しさに喘いでいたわけではないんです。昭和八年（一九三三）ぐらいから景気がぐんぐん好転して、昭和十二年の経済成長率は二十三・七パーセント（総務省統計局「日本長期統計総覧」）ですよ。

池上 すごいッ。高度経済成長のときだって一〇パーセント台ですからね。

半藤 昭和二年（一九二七）にはじまった金融恐慌からすっかり立ち直っていました。昭和十二年は、前年の軍事クーデター未遂「二・二六事件」による緊張感を引きずって明けるのですが、いっぽうで日本経済は好景気に沸いていた。それでいい調子になったのが陸海軍なんです。昭和十二年に海軍は超弩級の戦艦、「大和」（全長二百六十三メートル・排水量七万二〇〇〇トン・乗員約三三〇〇百人、およそ四年の歳月をかけて建造）をつくりはじめ、陸軍はこの年の七月に日中戦争をおっぱじめた。昭和史を見てもバブルというのがいかに危険かということがわかる。

池上 バブルは十八世紀初頭のイギリスでもありました。南海泡沫事件です。当時の英国政府は財政危機にあり、それを解決するため政府負債を国策会社・南海会社に引き受けさせた。そのかわり中南米の独占貿易権を与えるんです。この会社の株価が暴騰したことで、短期間に投機熱が高まって、根拠のない株価の値上がりに人びとが狂奔した。しかし株価は急落。たいへんな数の破産者や自殺者を出しています。

有名なのはオランダのチューリップ・バブルですよね。十七世紀前半のことですが、これが世界初の投機バブルとされています。オスマン・トルコからもたらされたチューリップの球根に、見る見るとんでもない価格がついた。で、あるとき、冷静になったとたん価格が暴落する。バブルが弾けた。

でもその結果としてオランダには美しいチューリップ畑が残った。いっぽう平成の日本はどうか。いま都内には、なんでこんなところにコインパーキングが、と思うことがありますよね。クルマが三台か四台しか駐車できないような狭いコインパーキングが。あれ、バブルの傷痕なんです。

バブルの頃、地上げ屋が住宅の密集している東京の下町なんかの土地を手当たりしだい買い占めた。更地がポコポコ空くことによって、居残った家に圧力をかけて処分させたわけです。いずれ広い更地にして高層ビルを建てようとしたのですが、その途中でバブルが弾け、あちこちに空き地が残ってしまった。それがコインパーキングになっているというわけです。わたしはよく言うんですが、オランダはバブルが弾けて、チューリップが美しく残った。日本はバブルが弾けて、ちっぽけなコインパーキングが残った（笑）。

半藤　思い出すのはニューヨークの真ん中のロックフェラービル。あの街のシンボルのような建物も買ったのでした。買ったのは三菱地所でしたね。

池上 あの頃ハワイにあるゴルフ場のほとんどすべてが、日本の会社か日本の個人によって買われていました。あと、オアフ島のアラモアナ・ショッピングセンターを買ったのはダイエーでした（昭和五十七年／一九八二）。あの巨大なショッピングセンターです。ソニーは映画会社のコロンビア・ピクチャーズを買った（平成元年／一九八九）。コロンビア・ピクチャーズのロゴマークは自由の女神のような女性ですが、ソニーが買収したときアメリカの週刊誌『ニューズウィーク』は、和服を着ている自由の女神を表紙にしました。「日本、ハリウッドを侵略」というタイトルでした。東京二十三区の土地の値段は、アメリカ全土の値段とおなじなどと言われていた頃の話です。

日本企業の海外買収は、ほとんどが失敗しましたが、ソニーのコロンビア・ピクチャーズ買収は成功と言えるでしょう。いまソニー・ピクチャーズ エンタテインメントとして数々のヒットを飛ばし、ソニー・グループの中核事業のひとつになっています。

バブルは三〇年周期。次の崩壊は二〇二〇年？

池上 バブルになると、とにかく異常に経済がよくなる。従来の経済理論では説明できない状態になるわけです。「これは過去にない経済発展だ」ということになると、かならずそれを合理化する経済理論というのが出てくる。

当時、日本企業の株価もまた、上がりすぎていました。通常企業の株価というのはその企業の利益を反映するものです。ざっくり言って、利益の一〇年から二〇年分を総株数で割ったものが期待値としての株価になる。ところがバブルでは利益の一〇〇年分くらいまで値上がりしてしまった。となると、理屈がつきませんね。

バブルのときに東大経済学部の若杉敬明教授が、「Qレシオ」という新しい理論を打ち出した。理屈がつかないバブルの経済現象を説明する理論でした。これは決して異常ではないのだ、という結論なのですがね。

その説によると、会社の保有している土地や株式などの資産の含み益を積算して、簿価ではなくその価値を総資産に計上し、「時価総資産額」とする。その額と株式の時価総額とを比べる。株価に追いつかないほど、土地などが値上がりしている状況では、「保有資産に比べて、株価がまだ低いと評価できる」というわけです。

「実質株価純資産倍率」と呼ばれたりしていましたが、いまこれを持ち出すひとはいません。だいたい土地の含み益といっても、不確定ですし、いまや益というより負担とまで言われる不動産ですから、これを水増ししても、ほんとうの資産とは呼べないかもしれません。まさにバブル時の〝架空の株価指標〟でした。

半藤　ああ、そういや「Qレシオ」という経済用語がありました。いまの説明を聞くかぎり、かなり無理矢理な理論ですね。

池上　専門家が「異常ではない」と認定したとたん、バブルは弾けた。その後、クリントン政権のときにＩＴバブルが起きます。あのときはドット・コムという名前ならどんな会社でも株価が上がるという事態が起きました。あのＩＴバブルのときにも、アメリカの経済学者が「ついに永遠の繁栄の時代を迎えた」と言っているんです。

半藤　ニューエコノミーですね。一九九九年から二〇〇〇年にかけての。

池上　そう、それです。で、やっぱり弾けました。日本でも森喜朗首相の時代に〝ｅ‐Ｊａｐａｎ構想〟というのがありましたね（平成十二年／二〇〇〇）。「政府・行政もＩＴ化しよう」ということで、ＩＴ投資がもてはやされた。この掛け声でＩＴバブルとなりましたが、これもすぐに弾けました。

ものすごく大きなバブルというのは、だいたい三〇年ごとに起きているんです。前回の日本のバブルはちょうど三〇年前。ミニバブルは、世界のどこかしらで三〇年ごとに起きています。

半藤　戦争もおなじですね。戦争は四〇年サイクルと、わたくしは言っているのだけれど。

池上　バブルの三〇年周期というのは、痛い目に遭ったひとたちが表舞台から姿を消して、それをまったく知らないひとたちが社会の中心となるのに要する期間なんです。

大学でバブル経済の話をすると、学生たちはたいがい他人事のように聞いています。「前のバブルが弾けてからちょうど三〇年に当たるのは二〇二〇年。二〇二〇年に、何か大きなイベントがあったよね?」と問うと、かれらは突然ハッとするわけですよ。

半藤 言わずもがなの東京オリンピックね。そんなことやってる場合じゃないと、わたくしは思っていますがね。

池上 少なくとも、バブルというのはまた起きるということを知ってなきゃいけないということです。起きたらかならず弾けますから。

超借金大国への分岐点となった小渕内閣の減税策と商品券

半藤 さて、手元の資料にもう一度目をやると、平成三〇年の時点でわが日本の長期債務残高が一千百七兆円。対GDP比で一九六パーセント。対GDP比ではギリシャより悪いというデータです(ギリシャの二〇一八年政府債務残高はおよそ三千四百億ユーロ/対GDP比で一八八パーセント)。長期債務残高の対GDP比は先進国のなかで、平成一〇年(一九九八)から世界のトップを走りつづけているという状況だそうでして。さて、この凋落を食い止める分岐点は果たしてあったのか、なかったのか。

池上 岐路はやっぱり第二次小渕恵三内閣(平成十一年/一九九九年十月〜平成十二年/二〇〇〇年四月)時代でしょうね。景気の低迷をなんとか浮揚させようと大規模減税を行い大量に赤字国債を発行しました。

半藤　小渕さんの前、橋本龍太郎内閣のときに消費税を三パーセントから五パーセントに上げましたね（平成九年／一九九七年四月改定）。そのあとに北海道拓殖銀行、さらに山一證券が破綻する。アジア通貨危機が起きて、日本でもこの年GDPが前年割れしてマイナス成長に陥った。

池上　平成一〇年（一九九八）の参議院選挙で自民党は惨敗します。橋本首相の「チッキショウ！」というつぶやきがマイクにひろわれました。景気回復が焦点となるなか、首相は橋本さんから小渕さんに代わった。

半藤　あのときはとにかく景気をよくするためなら、なりふりかまわずという感じでした。宮沢喜一元首相が大蔵大臣に担がれて出てきた。

池上　ええ、そうでした。あのとき景気浮揚策の一環としてやったのが地域振興券の配布なんです。宮沢大蔵大臣は、そんなの意味がないと言っていたのだけれど、連立与党を組むことになる公明党が強硬に主張した。冷え込んでいた個人消費を刺激しなくてはいかん、もう、とにかくあらゆる手段を使って景気を上げろ、となって、宮沢さんもついに折れた。「そういうやり方もあるんですかなあ」と言ったそうです。

あとから地域振興券の経済効果というのを検証しています。すると「効果はなし」との結論が出た。政策発動による、いわゆる乗数効果（量的な波及効果）がゼロだった。けっきょくみなさん地元の商店街でそれを使って買い物はしたけれど、本来使うお金はそのまま貯めただけでした。消費は増えていない。そのいっぽう国の借金は一挙に増えた。わたしはあのあたりが分岐点だと思っています。

半藤　赤字国債の発行というのは、長らく禁じ手だったんです。第一次石油ショック（昭和四十八年／一九七三年十月）のあと、戦後初のマイナス成長（昭和四十九年／一九七四）となって税収が落ち込んだ。ときの蔵相大平正芳が赤字国債発行に追い込まれて、悩みに悩んだというのは有名な話です。それが小渕首相のときは悩むどころかタガが外れちゃった。

池上　そう。ですから公明党の責任も大きい。

半藤　そういや公明党は、一〇パーセントに上がる消費税増税に合わせて、またぞろ商品券って言ってますね。「プレミアム商品券」だって？

池上　ええ、またしてもです。少なくとも目先の人気取りにはなるから、でしょうか。

非正規労働者拡大の分岐点になった労働者派遣法改正

半藤　バブル崩壊のあと、格差が拡大しました。三〇年のあいだに確実に格差は広がっている。政府与党は「この好景気は史上最長」とか、「イザナギ景気を超えた」とか言っていますが、実感のないひとが圧倒的です。とくに正規雇用と非正規雇用とでは待遇に大きな差があり、ずっとこの問題が放置されてきました。

書き写してきた数字によると、平成がはじまった頃、非正規労働者（パート・アルバイト・派遣社員・契約・嘱託）は八八〇万人。それが平成三〇年には二一二〇万人を数えているようです。正規と非正規の割合で言うと、元年で十九パーセントだったものが、三〇年では三十八パーセントにもなっている。三十二歳で自死した歌人の萩原慎一郎さん。このひとは非正規社員で、こんな歌を遺しています。

「非正規という受け入れがたき現状を受け入れながら生きているのだ」
「非正規の友よ、負けるな　ぼくはただ書類の整理ばかりしている」

ホントにやるせない気持ちになる。

池上　とくに派遣労働者率の拡大は、小泉純一郎内閣のときに改正された労働者派遣法の施行（平成十六年／二〇〇四年三月）からはじまっています。内閣府特命担当大臣になった竹中平蔵氏が、それまで禁じていた製造業への派遣を解禁したんです。それまで派遣労働の職種はコンピュータプログラマーとかあるいは通訳とかの、専門的な技能職に限定されていたのですが、これを工場の製造ラインにまで広げた。これが明白な分岐点です。派遣労働者数はリーマン・ショック（平成二〇年／二〇〇八）までに一挙に三倍に増えている。

半藤　「派遣労働」の概念がまったく変わってしまいました。あのとき雇用が不安定化するのは目に見えていましたから、反対論も少なくなかった。でも押し切ったような恰好でしたね。

池上　反対論もあったけれど、経団連に名を連ねるような規模の大きな企業にしてみれば、募集の手間をかけず安上がりな労働力が手に入るから大喜びした。不況になったとき、正社員なら易々と解雇はできないが、非正規社員は調整弁になる。じっさいリーマン・ショックが起きたときに、工場労働者として派遣されていた派遣労働者の首切りが大々的に行われたわけですよね。この「派遣切り」によって、突然多くのひとが仕事や住まいを失いました。

そして竹中平蔵さん、政治から身を引いたあとパソナグループという人材派遣会社の取締役会長になったんです。

半藤　そりゃ、いくらなんでもモラルに反する。いけませんなあ。

池上　言うまでもありませんが、パソナグループは労働者派遣で利益を得ている会社です。竹中氏が、派遣労働を広げることによって日本経済が発展するんだと考えたのであれば、それはそれでひとつの理屈ではある。しかしながら、よりによってそのことで巨額の利益を得た会社のトップになるというのはいかがなものか。

半藤　どう考えたってダメですよ。

アベノミクス下での給与水準上昇は大本営発表だったのか？

半藤 いま、盛んに人工知能、ＡＩ、ＡＩと叫ばれています。ＡＩ時代というのはほんとうに大丈夫なのかと。携帯ももたない男としては、これもぜひお聞きしたい（笑）。

池上 すでにＡＩのミニバブルが起きているかもしれません。「ＡＩを駆使した事業」と言えば、簡単に予算がつくようなことになっていますから。

半藤 情報がすべての時代になったとき、元の情報がもし誤っていたら、どうなるのかと考えてしまいます。便利さと裏腹に社会はそうとう脆弱になるのではないかと、わたくしは少々心配しているんです。

池上 元の情報がもし誤っていたら、ということですぐに思い浮かぶのが厚生労働省の毎月勤労統計ですね。従業員五〇〇人以上の事業所に関しては悉皆《しっかい》調査と言って、全数調査をしなければいけないのに、平成十六年（二〇〇四）以降、三分の一しか調査していなかった。結果的に、日本の給与水準が実態より低く出ていた。東京都では五〇〇人以上の従業員がいる企業の平均給与はほかの道府県に比べて高いのに、その実態が結果に正しく反映されていなかったというわけです。失業保険や雇用保険も平均給与にもとづいて計算されますから、それらも本来出すべき金額より低く出されていた。その結果、五百何十億円もの金を支払っていなかったということがわかって大騒ぎになった。

半藤　似たようなことが、至るところであるのかもしれない。そう思われても仕方がないね、これ。

池上　この問題は総務省の指摘で発覚したのですが、じつはエコノミストのあいだではその前から、どうも勤労統計調査のデータはおかしい、と言われていたのです。去年平成三〇年（二〇一八）から、公表される平均給与が急に上がったからです。それまで統計処理をして全数調査に近くなるように手を加えていたのですが、厚生労働省はなぜか突然、それまでのやり方を変えた。三分の一の調査データを単純に三倍した結果、突然給与水準が上がったんです。

半藤　日本国民の給与水準が急激に上がったのは、アベノミクスの成果だと喧伝されましたよね。じつは、インチキであったんですね。

池上　ですから、厚生労働省はこれを意図的にやったのではないかと疑われています。調査を端折《はしょ》ったことを少なくとも途中まではごまかしていたのだけど、ごまかしをやめた段階で給与水準が上がった。上がってしまうということはわかっていた。と、いうことは、「アベノミクスの成果だ」と言えるように、集計のやり方を変えたんじゃないかという疑惑があるんです。まだいまの段階では解明されていませんが。

半藤　意図的だったのなら、まるでかつての大本営発表だね。

池上　いずれにしても厚生労働省のさまざまな統計データの信用性は、これで一挙に失われました。

＊人工知能（ＡＩ＝Artificial Intelligence）……コンピュータが登場して以来、人間の脳、知能にコンピュータがどれほど近づけるか、あるいは人間を超える能力を獲得することができるかをコンピュータ科学者は研究してきた。現在、医療・製造業・サービス業・スポーツなど多様な分野で過去のデータを学習し、さらに分析・予測・推論を重ねて自己学習することでプログラムの深化をコンピュータがみずから行い、より高度な役割を可能にするプログラムを生みだしている。

＊大本営発表……明治憲法下で戦時などに設置された最上位の陸軍海軍統合の戦争指導機関が大本営。天皇・大元帥の直属。「大本営発表」とは、宣戦布告、戦況などの公告のこと。第二次世界大戦時はラジオでこの言葉を国民は聴くことになる。実際の戦況とは異なり、日本が優勢であるかのような情報をしばしば発表したことから、虚偽の言説で実態を粉飾することを揶揄するときに用いられる。

共産党が膨大な個人情報を握って国民を監視する中国

半藤　社会の脆弱さということでもうひとつ。サイバー犯罪とそれを防御しようとする側の戦いが苛烈になっていると聞きます。そんななか、一般の人びとをも巻き込んだ監視というものがどんどん厳しくなるわけですよね。そうなるとわたし、人間は不幸になるのじゃないかと思うんですよ。少なくとも萎縮して生きるようになってしまう。

池上　すでに中国では起きてるんです。監視カメラが中国にはそこらじゅうにある。顔認識ソフトというものがありまして、中国人民のデータベースと照合して、監視カメラに映っているひとが誰なのか、たちどころに特定できる。指名手配犯などすぐに捕まります。

いま中国にはアリババというインターネット事業者がありますが、その会社のショッピング・サイトを六億人が利用していろんな買い物をしていると言われています。

アリババはその顧客六億人のデータをもっている。そのアリババが、セサミクレジットという個人信用評価のサービスを平成二十七年（二〇一五）一月に新たにはじめました。「芝麻信用」と書きます。

半藤　ああ、アリババだけに「開けゴマ」ですか（笑）。

池上　アリババの通販サイトで買い物をしたひとのデータが蓄積されていく。何を買ったかはもちろん、学歴、職業、SNSなどの社会的交友関係や行動パターン、趣味など、あらゆる個人情報が集められ、AIを使ってスコア化されているのです。点数が高いほうが、そのひとの信頼度が高い。つまりアリババに格付けされているようなものでして、いま中国ではこのセサミクレジットのスコアに多くのひとが一喜一憂している。

中国共産党は国家情報法という法律を平成二十九年（二〇一七）に施行しました。これによって政府から情報提供を要請されたら、誰であれ提供することが義務づけられた。アリババのトップは中国共産党員です。セサミクレジットの個人情報はすべて共産党に渡ることになる。

ということは、この先どういうことが起こるのか。たとえば共産党のやり方に反対する政治集会に参加したりデモ行進に参加したとたんに、顔認証で人物を特定し、罰としてそのひとのセサミポイントをゼロにすることも可能なわけです。セサミポイントがゼロになると「信用なし」という評価となって、購買活動ができなくなります。アリババが利用できなくなるんです。

半藤 そうなると、そのひとはどうなるんですか。

池上 経済的にも社会的にも困ってしまうわけですよ。人生においてもそうです。たとえば結婚をするときには、セサミクレジットのポイントはいくつということをお互いに確認してから、ということにもなりかねません。逆にそのポイントが低いと結婚もできなくなる、とか。そういうことがいま中国で現実化しつつあるんです。けっきょく人びとは共産党に逆らわなくなる、ということですね。

半藤 それがもう起きているわけですか。

池上 ええ。そうなりつつあります。国家の監視が厳しくなれば、中国人のマナー改善に資するからいいじゃないか、と擁護する向きもあるようですがね。顔認識ソフトで誰か特定できれば、赤信号で道路を横断したり立ち小便をしたりしなくなる。

半藤 この際、そんなことはどうでもいいことだね（笑）。いやはや、恐ろしい。わたくしなんか立ち小便でたちまちペケになる（笑）。

自分の頭で考える・判断する能力が急激に失われている

池上　便利さはいっぽうで人びとを萎縮させる。半藤さんに言わせれば「不幸になる」。それに関連してひとつ付け加えます。

わたしたちの日常生活のなかのいろんな場面で人工知能、ＡＩがはたらくようになって、クルマに乗ればカーナビと対話しながら目的地まで案内してくれる。いまカーナビを搭載していないクルマはないですね。カーナビの利用が広く行き渡った結果として、ひとは地図が読めなくなってきている。あるいは、何か物事を調べるにしても、「オーケー、グーグル、○○を調べて」と言えばその場で答えてくれるから、自分の頭でものを考えたり自分で判断したりする能力が急激に失われつつあります。

半藤　たしかに自分の頭で考えないひとが多くなっています。そうすると今後ますますフェイクニュースというやつを制御できなくなるんじゃないですかね。

池上　正誤を判断する能力も落ちてくる可能性はありますね。

半藤　判断できなくなるということは、間違ったことを制御できなくなりますよ。

池上　ですから逆に、フェイクニュースをＡＩで発見して排除しようという動きもあるんです。

半藤　そう聞けばＡＩには希望もあるみたいですが。コンピュータに無縁で生きているわたくしみたいな人間はどうなることか。

池上　いや大丈夫ですよ、ＩＴに頼っておられないから。それよりどっぷり頼って、スマホが手放せないというひとたちの将来が心配です。

ライブドアへの国策捜査が日本のIT産業発展を潰した

半藤　そのＩＴを担う企業のことですが、手元の資料によると、世界のネット企業売上高上位十九社中、日本企業はたった三社しかありません（平成二十九年／二〇一七年実績）。楽天、ヤフージャパン、ＬＩＮＥの三社だけで、あとは中国とアメリカばかり。日本はここでも劣勢です。バブルの後始末に追われたせいで、日本企業のＩＴ投資が疎かになったということでしょうかね。

池上　それもあるでしょうけれど、デジタル産業・ＩＴの発展する可能性をつぶしたのは国策捜査だったという面もあると思います。もしアメリカや中国だったら、ホリエモンこと堀江貴文氏と、村上ファンドの村上世彰氏はつぶされなかったのではないでしょうか。この二人が逮捕されたのは、いずれも平成十八年（二〇〇六）で、逮捕容疑もおなじく証券取引法違反でした。

当時、堀江さんはインターネットとテレビの融合を目指して、フジテレビの筆頭株主であるニッポン放送の株を大量に取得しました。ニッポン放送を経由してフジテレビの経営に参画しようとしましたが、これに失敗。

ホリエモンたちライブドアの経営陣が逮捕されたことによって、ITベンチャーの担い手たちは新しい冒険的な試みに慎重になった。突出しようものならパージされるということを、目の当たりにしたからです。出る杭は打たれる、です。それによって日本のIT産業の発展がどれだけ遅れたことか。いま頃になってテレビ業界は、どうやってネットと融合化しようかと考えはじめたような始末です。

半藤　この国では、昔から突出した考え方をする人間を嫌う傾向が強いのです。海軍なんか大艦巨砲主義が本流で、航空兵力重視をとなえるひとは毛嫌いされた。新参者を排除しようとするエネルギーだけは、ホントにすごいものがある。なるほどそれでいまアメリカや中国に水をあけられているわけだ。

金儲けに拍手喝采する米中、断罪する日本

半藤　池上さんは、今後、世界でノシていけるIT企業が、日本に誕生する可能性というのをどう見ていますか。

池上　まあ、なんでも自由にすれば、ことによったら……。なにしろいまはまだいろんな規制がありますからねえ。いっぽうアメリカと中国には規制がほとんどない。そしてなにより、米

中ともに金儲けをしているひとに拍手喝采をする。

半藤　日本は儲けたらダメですか。

池上　あのときにホリエモンが「金で買えないものはない」と言ったら、拝金主義だとみんながこぞって批判した。村上世彰に実刑判決を言い渡すときの東京地方裁判所の判決文には、「安ければ買うし、高ければ売るのは当たり前と言うが、このような徹底した利益至上主義には慄然とせざるを得ない」とあるんです。金儲けをすることを裁判所が裁断した。

　この国では何か新しいことをやろうとするとすぐに抑えこもうとする。米中では金儲けをしたひとがいると、「うらやましい。頑張ろう」になるが、日本では「ずるい。許せない」となってしまう。

半藤　それではやっぱり新しい産業は育ちにくいかもしれませんな。

池上　半藤さんもフェイスブックという名前は聞いたことがあるかと思いますが。

半藤　知っています。いまみんながやっているSNSとかいうものの、ひとつなのでしょう？

池上　そうです。もともとフェイスブックというのは、ハーバード大学に在学していたマーク・ザッカーバーグというちょっとイカれた男子学生がつくった、女の子の品定めをするソフトだったんですよ。

半藤　ああ、だから「顔のブック」でフェイスブックか。

池上　かれは無断でハーバードの女子学生の顔をネットで見られるようにした。それは「どの子がいい？」と、男子学生たちが品定めをする道具だったというわけです。大学当局からは、倫理規定違反などとして、厳しく処罰されました。けっきょくザッカーバーグは中退することになったのですが、そのあと本格的にサイトづくりにのめり込んでいく。

はじめにハーバード大学限定のフェイスブックというのができるんです。するとコロンビア大学やイエール大学も参加して、アイビーリーグ限定の交流サイトができる。そうしたらほかの大学からも仲間に入れて欲しいと言ってきて、卒業生も入れて欲しい、ほかのひとも入れて欲しいと、それがどんどん広がっていくうちに世界に広がった。それがフェイスブックなんです。

フェイスブックに参加するには、事前に本名、生年月日とか所属とか、個人情報を差し出すわけですね。しかも誰かのフェイスブックに「いいね！」というボタンを押す仕組みですから、趣味嗜好、あるいはその傾向というものがデータとして残る。政治信条もわかる。たとえば共和党支持者なのか、民主党支持者なのかがはっきりとわかる。そのデータを手に入れたイギリスの民間会社が、平成二十八年（二〇一六）のアメリカ大統領選挙のときに共和党のトランプ候補の選挙運動のためにそれを使っていました。その後、大規模な個人情報流出が明るみに出て、ザッカーバーグは米国連邦議会の公聴会に出席し謝罪をしました。

半藤　はあ、政治家が選挙に利用したために、ですか。

池上　さらにフェイスブックは誰と誰が夫婦であるかということもわかる。奥さんが特定のブランドの宝飾品とかバッグとかを見ていたとしたら、奥さんの誕生日が近づいてきたときに、そういう商品の広告を、夫のフェイスブックに載せることができるわけですよ。すると夫は、ついつい妻の誕生日に「これを奥さんにプレゼントしよう」となる（笑）。と、いうことが、フェイスブックでできるようになったんですね。

半藤　大きなお世話だね（笑）。

池上　ホントに（笑）。でも、「夫婦愛」を商売にできるんです。本人はそんなことにうまく利用されているということはわからないまま、たまたま見た広告から、まんまと消費行動をとらされることになる。いずれにしてもフェイスブックは、いろんなビジネスの宝庫でもあるんです。

半藤　そのさきにある未来は明るいのかね、暗いのかね。さっぱりわかりませんな。

課税逃れするグローバル企業VS.国家

池上　この名前もご存知だと思います。ネット通販のアマゾンです。あらゆる商品をあつかうインターネット事業者、グローバル企業です。

半藤　わたくしは、いっぺんも使ったことがありませんがね。

池上　いまアマゾンの日本での売上げ（流通額／第三者の委託販売も含む）は平成三〇年（二〇一八）で二兆円を超えたのではないかと推測されています。日本国内でものを買えば消費税がかかるわけですが、米国アマゾンは預かった消費税を日本の税務署に支払っているのか。これが問題になって、いわゆる「デジタル課税」というものを国がはじめようとしています。

半藤　「デジタル課税」ってなんのことかと思っていたけど、そうか「アマゾンは税金払え！」ということか。

池上　アマゾン本社は日本で法人税や消費税も払っていません。アマゾン本社はアメリカにありますので、日本で法人税の申告義務がないとして税務申告そのものを行っていないのです。ですから日本で販売したものにかかわる消費税納付（預かり分と支払い分の差額）もやっていないのではないか、と疑念がもたれている。

日本で業務を行うアマゾンジャパンなどの法人は日本の企業として税務申告していますが、利益をほとんどアメリカ本部に吸い上げられるので、納税額は多くない。日本の国税当局が米国アマゾン本社に追徴税をかけたら日米間で問題になって、けっきょく税金をとれなかった。日本のみならず、広く世界でおなじようなことが問題になっています。アマゾンだけでなく、グローバル企業の多くに納税逃れの問題が指摘されています。

各国それぞれ固有の税制をしいていますから、アマゾンにしてもグーグルにしても、グローバル企業には税金をかけられずにきた。そこでいま国を越えて国際的に課税しようとか、あるいはEUとして課税をすべきだとかいうような議論がはじまりました。今年のスイスのダボス会議で安倍総理大臣が、デジタル貿易の「自由で安全なデータ流通のしくみづくりを主導したい」と演説しましたね（一月二十三日）。国際ルールづくりはこれからなんです。

半藤　各国がグローバル企業を捕捉しようと、国が追っかける恰好になっているんですね。いずれにしても日本が出遅れているということは確かなようです。

アメリカVS.中国、「新しい冷戦」の始まり

池上　じつはヨーロッパも遅れているんです。先ほど紹介された、世界のネット企業売上高上位はほとんどがアメリカと中国。そのデジタル産業の両雄、中国とアメリカによるNew Cold War、「新しい冷戦」は、もうはじまっています。

半藤　ちょっと前まで「Gゼロ」という言葉がありました。主要先進国のG7が指導力を失って、新興国を加えたG20も機能していない。つまり世界をリードする国がなくなったという国際情勢をあらわした言葉でしたが、そこからまた情勢は変わってきたということですね。

池上　平成三〇年（二〇一八）十月の演説で、アメリカ副大統領ペンスは五〇分にわたって徹

底的に中国を批判しました。事実上の〝宣戦布告〟でした。

半藤　あれほど激しい中国批判は初めてのことではないでしょうか。第二次世界大戦終結後の昭和二十一年（一九四六）、イギリスのチャーチルが首相を辞めた直後、アメリカの大学で行った「ヨーロッパを横切る鉄のカーテンが降りた」という演説、いわゆる「鉄のカーテン」演説をわたくしは思い出しました。あのときは世界に米ソ冷戦のはじまりを告げる宣言でしたが、今度は、米中による新・冷戦の火蓋が切られたということになる。

池上　昭和五十三年（一九七八）末に鄧小平が打ち出した改革開放政策以降、アメリカは中国も経済発展にともなってやがて民主化されるだろうと考え、さまざまな支援をしてきたわけです。経済は予想をはるかに超えて成長しましたが、民主化は進まず中国共産党による独裁はさらに強化されてしまった。事ここに至っては、もはや中国は敵である、と。

さらにペンスは今年の二月には中国の通信機器大手ファーウェイ（華為技術有限公司）を「脅威」と言い、安全保障上の懸念がある企業の製品を利用しないようにと呼びかけました。

起業を志す若者、新しい会社……希望の光は見えている

半藤　こうしていろいろ話をうかがってくると、令和の日本経済の見通しは明るくないね。

池上　しかし、とあえて言いますが、いま起業する若者が増えているんです。東京大学でも、

あるいは東工大でもそうですが、一部上場企業の、いわゆるいい会社に入ろうというひとばかりではなく、学生のうちから起業の準備をはじめているひとが増えている。これはすごくいいことではないかとわたしは思っています。

半藤　でも離職率も以前より高くなっているのでしょう？　近ごろは、会社に入って三月《みつき》もしないで辞めちゃうのが少なくないんだってねえ。

池上　ええ、そうです。しかし、それはかならずしもネガティブな面ばかりではありません。企業に馴染めなくて辞めるひともいるいっぽうで、こんな古い組織に見切りをつけて、自分で新しく会社をはじめようという離職だってある。

　平成三〇年（二〇一八）、テレビ東京の番組で、一〇〇人の社長を集めて大討論会というのをやったんです（テレビ東京「池上彰VSニッポンの社長100人大集結！SP」平成三〇年／二〇一八年十一月十五日放送）。そのうちのいわゆる起業して大きくなったDeNAとか、ニトリとか、そういう急成長した会社などの社長が八人。あと九十二人は最近の起業家ばかり。ほとんどが二〇代のひとたちでした。みなさんの話を聞いて、このなかから成長する会社がきっと生まれてくるだろうと、わたしはそう思いました。

半藤　じゃあ、そこに希望が……。

池上　あります。で、すでにそのなかからうまくいきはじめた会社が最近ぽつぽつ出てきていますね。まだ世間のひとが知らないだけです。かならずしも令和は暗くない。

半藤　ただね、話を混ぜっ返すようですが、今後の日本を背負っていってくれるひとたちに、国はやるべきことをしているのか、と言いたい。公的教育費の対GDP比率、日本は三・四七パーセント、一五四カ国中なんと一一四位ですって。これはどうにかしないといけません。

池上　そのとおりです。教育無償化の議論ではいつも「所得によって制限をしよう」という話になってしまう。近年ヨーロッパの多くの国が、所得に関係なく大学の授業料を無料にしている。幼稚園から大学まで無償という国もあります。安倍政権でも幼児教育の無償化が打ち出されましたが、やっぱり所得制限をすべきだという声が大きい。

麻生太郎副総理が街頭演説で、東大を出た北九州市長のことを「ひとの税金使って学校に行った」と言って批判した。教育に国の金をかけることはよくないことだと言わんばかりでした。

半藤　こんな言い掛かりを、よく恥ずかし気もなく口にできるもんだ。もっとも麻生さんは口からでまかせの万事に半可通大臣ですからね。まあ、これにかぎらずあの方は、自分が何をしゃべっているのかさえ、わかっていないひとのようですがね。

池上　麻生さんが出た学習院大学にも、私学助成金が出ているんです。たとえ麻生さんのような金持ちの子弟であっても、多かれ少なかれ他人のお金に助けられながら大学を卒業している。麻生さんにそういう認識はありませんね。

第八章　平成から令和へ——日本人に天皇制は必要か

戦前の軍部独走は昭和天皇が摂政になった頃からはじまった

池上　さあ、最後に天皇についての議論と参ります。天皇については、半藤さんの独壇場ですからわたしはもっぱら聞き役にまわります。

さて退位のお気持ち発表の経緯に関しては今年平成三十一年（二〇一九）一月十九日の日本経済新聞で、概略以下のようなことが公表されました。

平成二十二年（二〇一〇）七月二十二日、皇居でのことです。陛下は、年齢を重ねてしだいに体力が衰えていくなかで、象徴天皇としての務めをいずれ果たせなくなってしまうことへの不安を、天皇の相談役にあたる宮内庁参与会議のひとたちに話した。退位の意向を示されたのです。しかし参与たちは皇室典範に譲位の規定がないことから、そのご意向には反対で、むしろ大正天皇の時代のように摂政を設けたらどうかと陛下に提案した。その意見に対して陛下は、大正天皇の前例はよくないと明確に反対された。

半藤　そうでしたね。ここで踏まえておかなければいけないのは、その大正末期の摂政時代の情勢についてです。大正天皇の体調が悪くなった最後の五年間、大正一〇年（一九二一）から十五年（一九二六）まで、のちの昭和天皇が摂政につきました。そのためこの時代、日本の国には権威の二重構造が生まれてしまった。軍部が勝手なことをはじめるのがじつはこの時期なんです。つまり軍部は昭和になっていきなり暴れ出したわけではなかった。ふたたび歴史のおさらいになりますが、「統帥権」についてちょっと説明しておきます。

明治憲法は、軍隊の指揮・運営についてたった二項だけで規定しているんです。「天皇は陸海軍を統帥す」（第十一条）、そして「天皇は陸海軍の編制および常備兵額を定む」（第十二条）。つまり軍事に関しては軍隊の編制と予算決定権は天皇が有するという規定のみでした。いまは政治が軍事を統御する「文民統制」が当たり前ですが、明治憲法では政治にも議会にも、さらには司法にも、軍に関与する権限がなかった。つまり統帥権はなかった。

というわけで極秘裏に陸軍参謀本部の幹部連中が、独自にというか、勝手に憲法解釈を行って、「統帥参考」という冊子にまとめた。昭和七年（一九三二）のことです。これが陸軍大学の学生や参謀教育用に使われることになる。

そのなかに「統帥権の本質は力にして、その作用は超法規的なり」とある。超法規とはつまり、憲法以下のあらゆる法律とは無縁だ、ということです。自分たちは何をやってもとがめられることはない、と。陸軍エリートが独特の誇りをもつことになったのは、「統帥参考」の刷り込みよろしく、自分たちは天皇にもっとも近くかつ直結しているという認識でした。しかも統帥権は独立していて、政治の側からのいっさいの関わりを許さない。軍事主導国家を自分たちが名実ともに担っているという自負は、日中戦争がはじまるとますます強くなっていくことになる。

つまり何が言いたいかというと、こういう文書に結実する軍部の独善は、昭和天皇が摂政だった時代、つまり大元帥が不在の時代にはじまっていたということなのです。大元帥は天皇しかなれません。摂政宮殿下は、まだあのときは陸軍大佐兼海軍大佐。つまり統帥権を有してはいなかった。だからこそ軍部のエリート士官たちは「俺たちが代わりに考えてあげよう」とばかりに身勝手な考えを推し進めたというわけです。

歴史を俯瞰《ふかん》して見れば、軍事独裁に至る前段階にはそういうことがあった。摂政を置くことのこうした空白のできる弊害について、もしかしたら陛下は昭和天皇から聞いていたかもしれない、とわたくしは思うのですがね。少なくとも、摂政時代に昭和天皇がいかに苦労されたかということは、ご存知だったように思います。

昭和二〇年の終戦工作でも策謀された摂政擁立

半藤　摂政をめぐる策謀についてはほかにもあるんです。戦局が絶望的となってきた昭和二〇年（一九四五）一月二十五日、近衛文麿が客を招いて、京都の近衛家の別邸・陽明文庫で妙な会合を開いた。やってきたのは海軍大臣の米内光政、元首相で重臣の岡田啓介、そして天皇家と近しい仁和寺の僧、岡本慈航の三人です。主題は、終戦工作をどのように進めるか、でした。

とりわけ天皇が連合国側から戦争責任を厳しく問われて、万が一にも皇統が途絶えることがあってはならない。ではどうすべきかについて相談したんです。そして昭和天皇に退位を願い、仁和寺にお住まいいただき、まだ幼い皇太子を天皇に、昭和天皇の弟の高松宮を摂政にしようという結論になった。そのときも摂政擁立論が出ていた。高松宮はこの会議の翌日に近衛に会っています。経緯の詳細は明らかにはなっていませんが、高松宮は乗り気になったとわたしは見ています。それが昭和天皇の耳に入って不興を買うんです。

池上　昭和天皇にしてみれば、「そんなセッショウ（殺生）な」ということだったのでしょうか（笑）。

半藤　そういうこともあって、昭和天皇と高松宮の不仲は戦後まで続くのですが、それはともかく。

京都の秘密会談の翌月から、七人の重臣がそれぞれ順番に天皇に拝謁して戦局についての見通しを上奏します。なかでも近衛は、はっきりと敗戦必至を訴えて戦争終結の判断を求めたのですが、天皇は頷《うなず》かなかった。「もう一度戦果をあげてからでないとなかなか話は難しいと思う」と言って決断を先延ばしにした。近衛の考えた摂政案も消えました。

池上　正しい情報から遠ざけられていた昭和天皇は、その時点ではまだ、戦局の挽回に虚しい期待を寄せていたのかもしれませんね。

天皇の侍従と皇太子の侍従の軋轢を生々しく綴る小林侍従の日記

半藤　要するに摂政というのは、時々の政治に利用されたり軍部に弄ばれたりするものなんです。

戦後、昭和天皇の侍従だった小林忍さんというひとの日記がつい最近に刊行されました。昭和四十九年（一九七四）から平成十二年（二〇〇〇）にかけての二十六年間に書かれた二十七冊の日記です。ノンフィクション作家の保阪正康さんが発掘しまして、手伝えと言われてわたくしも全文を読みました。そうしましたら、両方の侍従、つまり昭和天皇の侍従と皇太子の侍従の軋轢がじつに生々しく書かれていました。ご存知のとおり「侍従」という役職は天皇と皇太子にだけついています。

小林侍従の日記には、天皇の侍従長と皇太子の侍従長のあいだには確然たる格の違いがあるのだ、と。にもかかわらず、それを皇太子の侍従長ふぜいが、天皇の侍従長たる方に直接電話をかけてくるとはいったい何事か、というような憤懣《ふんまん》が生々しく書いてありました。とにかく両方の間はあまりしっくりいっていなかったのです。

池上　えーッ、なんという。

半藤　令和の上皇と新天皇と皇嗣。たぶんご当人たちはうまくやれるでしょうけれど、果たして従僕のほうが円満に、穏やかにやっていけるのかどうか。宮内庁内部の権威争いというか、勢力争いというか、妙なことが起きやしないかと老骨は余計な心配をしています。

＊上皇……譲位をした天皇は「太上天皇」の尊号で呼ばれる。上皇はその略称。太上天皇が出家すると「太上法皇」と呼ぶ。明治憲法と同時に制定された旧皇室典範では天皇の終身制をとっていたので、天皇の譲位の規定を定めていない。そのため太上天皇（上皇）の規定はなかった。戦後の皇室典範も旧規程を踏襲している。今回、天皇の生前退位を法的に位置づけるため、皇室典範第四条（皇位継承の規定）の特例として、退位とその関連の規定を設けた（「天皇の退位等に関する皇室典範特例法」）。上皇、および上皇后の身分などが定められた。また秋篠宮文仁親王が皇嗣となる。この特例法は一代限りとされている。

切に希望しながら政府が相手にしなかった生前退位の意向

池上　平成二十八年（二〇一六）八月八日に発せられたビデオメッセージ、「象徴としてのお務めについての天皇陛下のおことば」。いわゆる生前退位発言ですね。この天皇自身の発言によって特別措置法が成立したことを、「政治権力の行使」というふうに指摘する学者もなかにはいます。それについて半藤さんはどう思われますか。

半藤　メッセージの最後のところでこうおっしゃった。「象徴天皇の務めが常に途切れることなく、安定的に続いていくことをひとえに念じ、ここに私の気持ちをお話しいたしました」。もしこれで終わりになっていれば、これを「退位宣言」と捉えられないこともない。となると、

「政治権力の行使」という非難も当たるかもしれません。ところがあのあと、一行つけているんですよ。「国民の理解を得られることを、切に願っています」と。ですからわたくしは、このメッセージを国民に対する切なるお願いだと捉えました。国民のみなさんもよく考えていただきたい、という意味だと。つまり勅語とか、勅諭のような命令ではないのです。したがいまして、わたくしは権力の行使だとは思っておりません。

池上　あのメッセージのなかにはこういう言葉もありました。

「天皇という立場上、現行の皇室制度に具体的に触れることは控えながら、私が個人として、これまでに考えて来たことを話したいと思います」。さらに重ねて、「憲法の下、天皇は国政に関する権能を有しません」と。自分は辞めたいが、辞めたいと発言したことによって状況が動いたら、政治的権能を発揮したことになってしまうのではないかと、これはご本人がいちばん悩んだところだと思います。それ以前に宮内庁はご意向を受けて内々に安倍内閣にもっていくのですが、相手にしてくれなかった。

半藤　皇室に関する法律である「皇室典範」には、天皇は亡くなるまで天皇の位である終身制が定められていますから、生前退位を実現するためには新たな法整備が必要となる。つまり憲法にもかかわってくる大ごとなんです。

池上　それで宮内庁側としては政府から提起するのは無理だと判断して、天皇のお気持ちを表明して国民の理解をかたちにするほうがよいという結論になった。平成二十七年（二〇一五）十二月の天皇誕生日の記者会見でその「おことば」を発表する段取りができていたのですが、退位そのものに反対する首相官邸との調整がつかず、発表は見送りになってしまいました。このいきさつも先ほど紹介の日本経済新聞に記されています。

＊皇室典範……天皇および皇室制度を規定する法律。昭和二十二年（一九四七）一月十六日制定。皇位継承や摂政の設置、皇族の規定、式典など皇室に関することを定めている。明治憲法のもとでは国会がその内容に関与できなかったが、現憲法では国会がこの法律を改定できる。「男系男子による継承」についても皇室典範で規定されているので、国会がこの法律を改定すればこの条項も変えることができるという解釈も成り立つ。

NHKの独占スクープ、裏で何が起きていたのか？

池上 八月八日のビデオメッセージに先立つ七月十三日。NHKの夜七時のトップニュースで「天皇陛下、生前退位の意向示される」という独占スクープが流されました。その「ご意向を宮内庁の関係者に示されていることがわかりました」と放送した。特ダネでした。

半藤 このときは驚きましたねえ。たしか七時のニュースの直前に、スーパーで速報が流されたのではなかったですか？

池上 よく覚えていらっしゃる。速報からトップニュースへとつないだんです。じつは「宮内庁の関係者」がご意向を伝えた相手は、NHK社会部の宮内庁キャップでした。この夜、NHKが特ダネを放送したあと、安倍さんはずいぶんとご立腹だったようです。

半藤 ああ、やっぱりそうでしたか。

池上 ちょうど翌日から、「アジア欧州会合」に出席するためモンゴルに行くことになっていたのですが、「聞いてないよッ！」となって。

半藤 じっさい天皇のビデオメッセージには一部に反発も起きた。「天皇というのは存在しているだけで意味がある。お務めを果たせなくなったら摂政を置けばいいじゃないか」という主張です。安倍政権を支える日本会議はかなり早い段階から生前退位に反対していました。

いずれにしても、ご意向発表はご自身で真剣に考え抜いた末のことだったと思いますね。繰り返しますが、政府がまったく動こうとしなかったからあのようにせざるを得なかった。まことに気の毒なことでした。この間の裏事情を、池上さんはよくご存知なのでしょう？

池上 ええ、まあ、そうですね。スクープを放送するまでは、保秘つまりひたすら秘密を守ったわけです。で、いよいよ「七時のニュース」で放送しようという日の直前に、初めて上司に言った。上層部はびっくりして大騒ぎになったのですが、放送することを決断。予定されていた「七時のニュース」の内容が全面的に差し替えとなった。

半藤 昨今のNHKをみていますと、NHKにも参謀本部があって、そこがやたらに権力をもっているのではないかと勘ぐったりします（笑）。余談ですが、参謀本部や軍令部でいちばん権限をもっていたのはなんといっても作戦参謀でした。

太平洋戦争当時、情報参謀だった堀栄三中佐が戦後、回想録に書いていますが、陸軍大学校では情報に関する専門教育は皆無だったというのです。あれほどまで戦線を拡大して戦争を長引かせたにもかかわらず、昭和軍部の参謀本部がいかに情報を軽視していたか、それを裏づけるようなエピソードです。

池上　ではわたしも余計な話を。わたしがNHKの社会部にいた時代の話です。報道局のなかに記者セクションとディレクターセクションがあるのですが、日々の朝のニュース、昼のニュース、夜のニュースを出しているのは記者セクション。政治部、経済部、社会部などですね。「NHKスペシャル」のようなドキュメント番組をつくるのは、報道局制作部のディレクターたちです。ニュース以外の報道番組は基本的にすべてディレクターたちがつくっている。

半藤　そのひとたちは社会部でも、政治部でもないんですね。

池上　はい。政治部、社会部にいるのは記者です。ディレクターは番組をつくる側ですね。わたしがいた頃は記者とディレクターの仲が悪かった。部屋がまったく別だったのですが、一緒に仕事しなきゃいけないときには会議を開くことになる。で、両方の部署から集まってくる会議室を「板門店」と言っていました（笑）。最初、「おい、板門店で会議だ」って言われて、

「はあ?」となったのを覚えています。

半藤 南北朝鮮が会議で対決する場所、三十八度線の「板門店」になぞらえているのですね。そんな関係だったとはね。

池上 いまは劇的によくなったようですが。

半藤 NHKのスクープで思い出しました。「昭和天皇独白録」のことです。のちに本になりましたが、最初は平成二年(一九九〇)の十二月号の『文藝春秋』誌上で発表しました。

池上 天皇のひとり語りのかたちで、「私は……」という一人称で記された談話記録でしたから、これは衝撃的でした。

半藤 それまで戦前・戦中の天皇の姿は側近たちの残した日記などから推察する以外なかったわけですが、このとき初めて天皇自身の考えが明らかになった。念のために言っておきますが、これは昭和二十一年(一九四六)三月から四月にかけて稲田周一内記部長、寺崎英成御用掛ら五人の天皇側近が、張作霖爆死事件(昭和三年/一九二八)から終戦に至るまでのいきさつを、昭和天皇からじかに聞いてまとめたものです。わたくしたちが極秘裏に手に入れたもので、知っていたのはわたくしと編集長とデスクの三人だけ。社長も知らない。『文藝春秋』は一〇日発売ですから、前日の九日の日にどこかの報道機関に知らせようと三人で相談をしました。で、NHKがいい、となった。「七時のニュース」「九時のニュース」と大々的にやってくれるに違いない。あのときNHKのどこに知らせたのだったかな?
池上　社会部でしょうね。先ほどの話と重なりますが、ディレクターに言ったところでディレクターはニュースを出せない。宮内庁担当は社会部ですから。
半藤　わたくしはどこか新聞社がいいと言ったのですが、デスクだった後輩が「いや、NHKのほうが日本中に知らせることができる」と力説し、それに決まったように覚えてます。たしかにそっちのほうが正しかった。コチコチの活字人間だったんですね、わたくしは。これまた余計な話をいたしました。話をもどしましょう。

引き継がれる「平和が大事」「言論の自由が大切」という思い

池上　半藤さんは両陛下にはお会いになっていますでしょう?
半藤　ええ、何度か。吹上御所で。陛下とはいろいろな話をしましたけど、じつに聡明な方だという印象をもちました。
池上　わたしも両陛下にはお目にかかったことがあるのですが、美智子妃について気づいたことをご披露しておきます。
　全国いろんなところに視察に行かれますが、そういうときにはかならず関係者が説明をします。それが混みいった内容ですと、「どういうことですか」と、たいがい美智子妃が質問をされる。聞かれたひとは美智子さんに答えているのでしょうが、それはいっしょに聞いておられる天皇にもしっかり伝わる。陛下を煩わせずに端的な「取材」をされる、見事なインタビュアーぶりです。より理解を深めるためにあえて質問をしているというふうに感じられたこともありました。

半藤　おや池上さん、そうとう美智子さんファンだな（笑）。おっしゃるように美智子妃は聡明な方だから「陛下は妃殿下の影響をお受けになって……」などと言う、口さがない連中が世の中にはいますがね。わたくしはその説には少しく反対なんです。

陛下は本気になってご自身で、象徴とは何かということを考えて来たように思います。その証拠というと大げさですが、昭和五十七年（一九八二）二月、第二十七回青少年読書感想文全国コンクールでの発言を紹介したい。こうおっしゃっているんです。

「自分の思うことを自由に感想文として書ける今日の社会に生きている幸福をかみしめていただきたいと思います。戦時中、小学生の時代を過ごした私には、このことが強く感じられます。言論の自由という言葉は戦争が終わった年に私は初めて聞きました。自由で平和な今日の社会をさらに豊かなものにするよう皆が心がけていくことが大切であると思います」

いかがです？　天皇の根っこには「平和が大事だ」「言論の自由が大切だ」という思いがある。これは、あの方の戦争体験が関係していると思います。

池上　疎開体験がおありですね。

半藤　ええ、敗色が濃厚となった昭和十九年（一九四四）から日光に疎開していました。終戦は奥日光で迎えるのですが、十一月まで東京に帰ってくることができなかった。それはなぜか。じつは徹底抗戦派の軍人たちのなかに、昭和天皇を排除して皇太子を担ぎ、戦争を続けようとした者たちがいたのです。ことの詳細はわかりません。しかし終戦後も近衛儀仗隊がしばらく日光を守っていたのは、そういう空気がたしかにあったからなんです。

池上　ほう！　そうでしたか。

半藤　それで東京にもどるのが終戦から三月もたった十一月になってなんですよ。ようやく学友と一緒に汽車に乗って帰って来た。原宿駅に降りてみるとそこは焼け野原でしたからねえ。そういう戦争体験があったことは、やはり大きかったと思いますね。

池上　ご自身の体験のみならず、身のまわりに、少なからず戦死者や戦災被害者の遺族もいたでしょうしね。

半藤　それも大きいです。それに関連して、横須賀市で行われた戦没殉職船員追悼式でのじつにいいおことばを紹介しておきたい。遺族への憐憫《れんびん》の情というものも、厚いものがあったことがわかります。

「果てしない海に抱いたであろうあこがれと、その海が不幸にもその人々が痛ましい最後を遂げた場所となったことを思う時、かけがえのない肉親を失った遺族や亡くなった船員と共に航海をした同僚の人々が抱き続けてきた深い悲しみが察せられます」（平成十二年／二〇〇〇年五月）

その五年前の、平成七年（一九九五）の誕生日記者会見では「戦争の惨禍については、今後とも若い世代に語り継がれていかなければならない」ともおっしゃっていますので、隗《かい》より始めよ、まずご自身の子どもたちにも平和教育はされてきたはずですよね。

池上　新天皇も数年前から、記者会見などで、いまの日本国憲法があったからこの平和が保たれた、というようなことをおっしゃっています。ポスト平成、令和の皇室にも、いまの路線が引き継がれていくのだと思います。

半藤　ただ、ちょっと気になるのは、いまの宮内庁の侍従たちは警察庁と外務省から来るひとたちが多い。あたかも何かの名誉職のように二年交代ぐらいで入れ替わっている。つまり天皇陛下に親身なひとたちが、かならずしもお側にいるわけではないんですよ。わたしの知っている範囲では、親身なのは三人ぐらいしかいません。そのいっぽうで、我われ国民はどうかと言うと、それこそ若い人たちが天皇陛下の存在をどう思っているか。

池上　我われの世代からすると、これまでの天皇は自分より年上だった。今度初めて年下になる。率直に言って、少々戸惑いがあります。

半藤　そういうことはたぶん、心情としてあると思いますよね。平成のときは、天皇・皇后、皇太子・皇太子妃、そして秋篠宮殿下夫妻。序列がシンプルだったけど、令和はそれに比べたら少々ややこしくなった。宮内庁内部の権威争いの話がさっき出ましたが、これね、上皇がおられるだけにより難しい問題になるのではないか。

池上　上皇陛下は序列が不安定になるのを避けるために、自らは極力おもてに出ないようになさるのではないか、とわたしは見ているのですが、さてどうなりますか。

核武装も検討すべきではないかと述べていた昭和天皇

半藤　戦後、憲法が改正されて、天皇は「象徴」という立場になったわけだけれど、これを昭和天皇がどう考えていたかと言うと、はっきりしません。やはり思考も行動も戦前の積み重ねがありますから、簡単には切り替えられなかったのではないか。

国民の側から言っても、戦後生まれはともかく、戦前・戦中世代にとっては、いくら「人間宣言」をされたからといって、そのご威光を忘れることはできなかったと思います。

昭和天皇は軍人であり、君主でした。四十四歳まで大元帥陛下兼天皇陛下として生きたひとです。しかもあの方は、歴代天皇のなかでたったひとり、子どものときから軍人として育てられている。明治天皇が亡くなった年に十一歳で陸軍少尉兼海軍少尉になって以降、ずっと軍人としての教育を受けて来たのです。通っていた学習院の小学校ではあの乃木大将が校長で、厳しくしつけられました。いまの上皇陛下は終戦を十一歳で迎えるのですが、軍人ではありません。軍人としての教育は一度も受けていないのです。

なぜわたくしが、昭和天皇は「象徴」をあまり強く意識していないと思うのか。それには根拠があるんです。先に話した「天皇独白録」の聞き取りをやった側近のひとりで、のちに侍従長になった稲田周一。この方が日記に書いているんですよ。昭和四〇年（一九六五）年十二月六日の記述です。六十四歳の昭和天皇はこういうことを言っているんですよ。

「世界の平和は武力の均衡によって保たれている現実。日本の防衛線は遠くにおくほうがよいこと。城を守ることよりも攻めるほうが勝っていること。南朝鮮が中共（中華人民共和国のこと）の爆撃を受けていないことを考えると、日本ももっと原子力の武器などを持っても大丈夫だと思われること。武器なき平和が一番理想的だけれども、これがむつかしいことなど仰られた」

池上　なるほど。つまり昭和天皇は、核武装も検討すべきではないか、というようなことを言っておられたわけですね。

半藤　この発言は、大元帥としての立場から発せられたようにも読めるんですよ。つまり戦略論。少なくとも明仁陛下には、こういう発想や考え方はまったくないと思いますねえ。

池上　陛下が天皇に即位された年、平成元年（一九八九）八月四日の記者会見のときのおことばにびっくりしたことは、いまでもよく覚えています。「憲法に定められた天皇の在り方を念頭に置き、天皇の務めを果たしていきたいと思っております」とおっしゃった。

半藤　それ、みんながびっくりした言葉だったんです。

池上　当たり前の発言なのですが、自らそうおっしゃったことのインパクトは大きかった。

半藤　しかし、当時、右翼からはものすごく評判悪かったんです。政治的発言だと言って。

天皇の「憲法を守る」発言が政治的と批判される不思議な構図

池上　現行憲法では天皇も憲法を守らなければならないとされています（第九十九条）。ですから「日本国憲法に定められた在り方にしたがって務めを果たしたい」というのは、憲法に則っての発言であって、決して政治的発言ではない。しかし、これとて憲法を改正すべきだというひとたちにとってみれば政治的発言に、そして安倍政権批判に聞こえるようです。不思議な構図になっています。自民党の憲法草案の憲法擁護義務条項に天皇が入っていないことは半藤さんもご存知ですよね？

半藤　ええ。いまおっしゃった自民党の憲法改正草案ですがね。これが公表されたのは平成二十四年（二〇一二）四月です。このとき自民党は野党でした。わたくしはこれが出たときに、チクショウメと思いながら、丁寧に読んでメモをした。日本会議系の「美しい日本の憲法をつくる国民の会」も独自に憲法案をつくっておりまして、同会は七項目の改正ポイントと、その主旨を公表しています。

一番目、前文。美しい日本の文化伝統を明記すること。
二番目、元首。国の代表は誰かを明記すること。
三番目、九条。平和条項とともに自衛隊の規定を明記すること。
四番目、環境。世界的規模の環境問題に対応する規定を明記すること。
五番目、家族。国家・社会の基礎となる家族保護の規定を明記すること。
六番目、緊急事態。大規模災害などに対応できる緊急事態対処の規定を明記すること。
七番目、九十六条。憲法改正へ国民参加のための条件緩和を明記すること。

自民党の憲法草案は、日本会議が狙ったこの七項目をピシッと盛り込んでいるのですよ。自民党の憲法草案は、日本会議が「明記すること」と主張したことを、そのままそっくり明記した。とくに日本会議が重視しているのが元首と九条と緊急事態。

池上　現行憲法の九十六条について言うなら、これまでは、衆参両院総議員の三分の二以上の賛成が得られなければ、国会は憲法改正を発議できなかった。それを過半数で憲法改正ができるようにする、と。ハードルを低くして憲法を変えやすくしようとしています。

半藤 それもまた日本会議の主張です。

「公益と秩序」のためには言論の自由はない、とする自民党改憲草案

半藤 自民党改憲草案のなかから、いちばんわかりやすい改正ポイントを見いだすことができるのが、憲法第二十一条第一項です。現行憲法では、「集会、結社及び言論、出版その他一切の表現の自由は、これを保障する」とある。これにつづけて第二項として、自民改憲草案はこういう文言を加えました。

「前項の規定にかかわらず、公益及び公の秩序を害することを目的とした活動を行い、並びにそれを目的として結社をすることは、認められない」

第二項を新設することによって、二十一条の一項をあってなきがごときものにしようとしている。これは、ことによったら戦前の治安維持法よりもひどいかもしれません。

池上 ええ。つまり「公益と秩序」のためには言論の自由はない、ということですからね。緊急事態に備えるためには言論封殺も必要、と考えている日本会議の主張にこれもぴったり合っている。

半藤 中華人民共和国の、憲法の五十一条には「中華人民共和国公民は、その自由及び権利を行使するにあたって、国家、社会及び集団の利益並びに他の公民の適法な自由及び権利を損な

ってはならない」とありまして、あちらも「公益と秩序」のためには言論の自由はないと言っている。「公益と秩序」というのは、「国家を優先して、個人はそのために働くだけ」ということなのです。こと個人の権利や表現の自由に関して自民党は、わが国を一党独裁国家とおなじにする気です。

自民党は第十三条も書き替えた。

現行憲法では「すべて国民は、個人として尊重される。生命、自由及び幸福追求に対する国民の権利については、公共の福祉に反しない限り、立法その他の国政の上で、最大の尊重を必要とする」とあります。

つまり、ひとりずつがもっている個人としての基本的人権は、法律上も国の方針からも優先して尊重されなければいけない。現行憲法におけるもっとも基本的な考え方が反映された条文であり、現行憲法の肝なんです。ところがそれを反故《ほご》にしようとしている。問題の自民党案がこれ。

「全て国民は、人として尊重される。生命、自由及び幸福追求に対する国民の権利については、公益及び公の秩序に反しない限り、立法その他の国政の上で、最大限に尊重されなければならない」とした。

ここでもまた「公益及び公の秩序」。国家の許す範囲でならば権利を認めてやる、という極めて高圧的な内容になっている。

池上　「公益及び公の秩序に反しない限り」「人として尊重される」、……うーん。人として尊重されるけれど、個人としては尊重されないと？

半藤　「個人」を「人」と一般化することによって個人より国家を優先させた。言葉をなぞえながら、巧妙に逆の意味合いにつくりかえているのです。最初は、なんで「個人」を「人」と言い替えるのかといぶかしく思っていましたが、よく考えるととんでもない話だとわかりました。

池上　この改憲草案は国会の憲法審査会では評判がわるくて、事実上棚上げにしているような恰好ですが。

半藤　しかし自民党のなかではしっかり生きているんですよ、あのままの内容で。自民党改憲草案に透けて見える国家改造というのは、わたくしに言わせりゃただの反動です。歴史に何も学ばず歴史を無視し、ただ多数の力で押し切ろうとしているとんでもない動きだと思います。とくにこれにかなりの国民が乗っかってしまい、いまや憲法改正の賛否が拮抗しているという。とくに若い世代が、ネットの産経新聞の影響かどうか、改正のほうに傾いているというのでしょう？

災害に、リーマン・ショックに心を寄せられた「新年に当たり」

半藤　陛下は平成二年（一九九〇）から毎年正月元旦に「新年に当たり」という、メッセージを公表してきました。平成二十九年（二〇一七）から負担軽減の一環としてとりやめましたがね。この新年の挨拶でも、この国の人びとを襲った災害のことに、かならずと言っていいほど触れているんです。

池上　リーマン・ショックの翌年、平成二十一年（二〇〇九）の「新年に当たり」では、「世界的な金融危機の影響により、我が国においても経済情勢が悪化し、多くの人々が困難な状況におかれていることに心が痛みます」とおっしゃっていましたね。このあと、「国民の英知を結集し、人々の絆を大切にしてお互いに助け合うことによって、この困難を乗り越えることを願っています」とつづきました。

半藤　ああ、そうでした。年越し派遣村に多くのひとが集まった年です。

池上　あと、非常に印象的だったのは、去年の暮れの天皇誕生日の記者会見のコメント。「平成が戦争のない時代として終わろうとしていることに、心から安堵しています」という。

半藤　これ、自らお考えになっているんでしょう。

池上　いつも宮内庁とすり合わせながらおやりになっているようです。とりあえずの雛型みたいなものを宮内庁が用意するのだけれど、天皇がそこに思いを書き込んでいく。政治的な発言にならないかどうかを宮内庁側に確認をしながら、練り上げていく。

「歴史を正しく伝えていく」に込められた真意とは

池上　平成三〇年（二〇一八）、去年のお誕生日の、記者会見でのおことば。これもまさにご本人のお気持ちそのものでした。このとき「平成が戦争のない時代として終わろうとしていることに、心から安堵しています」と、語られたことは先に述べたとおりですが、その前の一節にも注目したい。こういうおことばです。

「先の大戦で多くの人命が失われ、また、我が国の戦後の平和と繁栄が、このような多くの犠牲と国民のたゆみない努力によって築かれたものであることを忘れず、戦後生まれの人々にもこのことを正しく伝えていくことが大切であると思ってきました」

半藤　歴史を正しく伝えていくことが大事です、という。この「正しく」というのは、ネトウヨのことを意識した言葉ともとれますね。

池上　ええ、歴史修正主義に対するアンチであることは明らかだと思います。

半藤　終戦から七〇年という節目の年、平成二十七年（二〇一五）の正月メッセージはほんとうに印象的でした。こう述べておられた。

「本年は終戦から七〇年という節目の年に当たります。多くの人々が亡くなった戦争でした。

各戦場で亡くなった人々、広島、長崎の原爆、東京を始めとする各都市の爆撃などにより亡くなった人々の数は誠に多いものでした。この機会に、満州事変に始まるこの戦争の歴史を十分に学び、今後の日本のあり方を考えていくことが、今、極めて大切なことだと思っています」と。

池上　「満州事変に始まる」とおっしゃったんですよね。言うまでもなく、満州事変をきっかけに関東軍は満州全土を占領するに至り、ときをおかず傀儡《かいらい》国家「満州国」がつくられた。「満州国」については一概に否定されるべきでないと主張するひとたちもいますから、ちょっと驚きました。

半藤　たしかに侵略戦争か否かの論議というものがあって、アジアの歴史にとって「満州国」には、民族の自立や理想などの先駆的な意義があったと主張するひとたちがいるんです。これ、口の悪い友人からは「半藤のバカが余計なことを天皇に入れ知恵したのか」などと怒られたのですが、そんなことはまったくないんです。ご本人のお考えです。

池上　不思議に思うのですが、中国にとっても日本の天皇は特別なんですね。歴代、国家元首になる前に、まず日本に来て天皇と会っている。国家元首になるのは、そのあと。習近平も、国家元首になる前の段階で天皇に会いたいと言ってきた。

半藤　本来のスケジュールに乗せることができないことがわかって、小沢一郎が無理矢理押し込んだ。

池上　ええ、平成二十一年（二〇〇九）、鳩山由紀夫内閣で小沢が民主党幹事長だったときのことです。

半藤　両陛下は、それよりだいぶ前、平成四年（一九九二）に初めての中国訪問をしていますね。

池上　あれは国交正常化二〇周年の記念の年でした。

半藤　このときの晩餐会で口にしたのが、「我が国が中国国民に対し多大の苦難を与えた不幸な一時期がありました。これは私の深く悲しみとするところであります」という言葉ですよ。

池上　そうでしたね。これも印象深いメッセージでした。新天皇のもとでは、最初の国賓はアメリカ大統領トランプ、習近平は二番目です。安倍さんとしては、昨年（平成三〇年／二〇一八）から「来年はぜひ日本に来てください」と頼んでいた。トランプはトランプで、日本の新しい天皇に会うのは大いにプライドをくすぐられることですからね。

半藤　二月になってトランプが、安倍首相からノーベル平和賞候補に推薦されたと記者会見でしゃべっちゃった。安倍さん「日本を代表し、敬意を込めて推薦した」とトランプに言ったらしいじゃないですか。誰もそんなこと頼んでないよ。

光格天皇の歌会の書をわざわざご覧になった理由

半藤　ところで、宮中の年中行事のひとつに歌会始がありますね。天皇が年の初めに催す歌会が。

天皇をはじめ、皇室の方々は毎年の歌会始で自分がつくった歌を書いて署名をすることになっていて、宮内庁書陵部には歴代天皇の自筆の歌が保管されているそうです。じつはわたくし、数年前に、天皇が自らのぞんで光格天皇の歌会の書をご覧になったという噂を耳にした。光格天皇は、明治天皇の父である孝明天皇のおじいさんですから、陛下から数えて六代前の天皇です。わたくしはこの光格天皇の書をわざわざご覧になったという話が、ずっと心に引っかかっていたんです。ウラに何かあるな、と。

池上　光格天皇は譲位をした最後の天皇ですね。

半藤　そのとおり。この光格天皇がにわかにクローズアップされたのは平成二十九年（二〇一七）一月二十四日のことでした。産経新聞が「陛下、光格天皇の事例ご研究」という記事を報じたのです。関係者からの取材によるとして、約六年半前（平成二十二年の中頃）に、光格天皇の譲位の事例を調べるよう宮内庁の担当に伝えたという。なるほどそういうことだったのか、とようやく合点がいきました。陛下は生前退位の事例のみならず、その歌と筆跡に直接ふれて、その人柄を深く知ろうとしていたのではないか、と。

ずっと昔からそうだと思っているひとがいるかもしれませんが、天皇が終身制となったのは、じつは明治以降のことです。光格天皇は在位三十九年目に当たる年に、皇太子の仁孝天皇に譲位し、太上天皇となっています。生前退位をしたあとは、院政の権力を振るうことなく、権威の二元化の弊害などないスムースな移行であったと言われています。上皇は、その事例を踏まえて、ご自身の生前退位を考えておられたことが、この報道によって明らかになりました。では光格天皇は、いったいどういう天皇であったのか。調べてみると、興味深い人物像が浮かび上がってきた。

光格天皇、天明の大飢饉のときには、わざわざ民を救済するように幕府に申し入れをしたり、学習院のもとになる教育機関の創設にも尽力したりしている。「どこか理念的な天皇像を追い求めるところのある人だった」と東大の藤田覚教授が書いています。たしかに天皇のあるべき姿に高い理想を抱いた人物でした。

池上　そうでしたか。陛下は生前退位の前例をご自分で調べたうえで行動に移されたのですね。

昭和天皇の道義的・倫理的責任を代わりに果たされた

半藤　陛下が平成十七年（二〇〇五）の歌会始で詠んだ歌を紹介させてください。お題は「歩み」でした。

「戦なき世を歩みきて思ひ出づかの難き日を生きし人々」
その「思ひ出づかの難き日」でわたくしが連想するのは、太平洋戦争激戦地への慰霊の旅です。沖縄、硫黄島、サイパン、パラオ、フィリピンと訪ねておられますが、これも陛下ご自身による強いご希望で行われているように思います。

池上 サイパン島で両陛下が、在留邦人が多く身を投げた断崖に向かって祈るかのように礼をする姿は目に焼きついています。その慰霊はなにも邦人だけに向けられたものではないですね。ペリリュー島ではアメリカ側の戦没者に対しても慰霊をされている。

半藤 フィリピンへ行ったときは市街戦で亡くなったマニラ市民への慰霊も、です。ああ、フィリピンで思い出した。フィリピンご訪問は、平成二十八年（二〇一六）一月でしたか。これに随行した河相周夫侍従長が書いた随行記（『文藝春秋』同年五月号）には、興味深い事実が記されていたんです。それによると、前年の夏前に「フィリピン訪問を検討して欲しい」とのご指示があって検討をはじめたのだけれど、なかなか日程が決まらなかった。「すると陛下からフィリピン訪問の件はどうなっているかと御下問があり、現状を御報告した。これを聞かれた両陛下は、それであれば一月下旬に訪問しようと直ちに決断された」というのです。

池上 慰霊の旅は決して頼まれてやっているわけではない、ということがよくわかります。

半藤 と、いうようなエピソードが少なからずある。陛下は懸命に歴史を勉強したし、本気になって日本が平和であることを祈ってきた、とわたくしは思います。

池上　これはわたしの個人的な推測ですけれども、昭和天皇の戦争責任という概念が成り立ち得るかという議論に対して、それがどうであれ、日本人だけでも三百十万人ものひとが亡くなったことに対する道義的・倫理的責任はある、とお考えになったのではないか。だからこそ天皇として、激戦地に足を運んで慰霊の旅をすべきなのだ、と。どうでしょうか。

半藤　わたくしもそうだと思いますね。父の昭和天皇がやりきれなかったが、やらなければならない大事なことを、自分の時代に終えたいという強い思いをもっていたと思います。

終戦の詔勅に「帝国臣民にして戦陣に死し職域に殉し非命に斃れたる者及びその遺族に想を致せば五内為に裂く」という言葉があります。これは昭和天皇のおことばですがね。それは陛下の思いでもあった。つまり「戦陣に死し」た戦死者だけを戦没者慰霊の対象とはしていないんだという思いです。「職域に殉し」た船員や工員です。それから「非命に斃れ」。「非命」というのは原爆や、大空襲で死んだひとたちです。サイパンや沖縄などで戦闘にまきこまれた市民たちです。かれらとその遺族に「想を致せば五内為に裂く」と読むべきです。

高齢になっても陛下が続けた慰霊の旅は、無告の人びとの魂を鎮めるとともに、記憶を風化させず、後世に正しく伝えるよすがになる。そう思っていたのだと思います。

分断の時代における国民統合の象徴という新たな存在意義

半藤　最後に何かひと言、という注文なんですがね。遠からずこの世を去っていく身としては、むしろ若い人たちに聞いておきたいことがある。「日本人に天皇制って要るの？」と。

わたくしはあったほうがいいと、そう思っていますけれども、あなた方はどうなんですか、とね。天皇制についてはとりわけインターネットにどっぷりの若い世代にとってどんどん関心が薄くなっているような気がしてなりません。みんなして「右向け、右」はよくない。思考停止がもっともよくないことでしてね。ですから、いま一度そのことをみんなで考えて欲しいんです。池上さんはどうお考えですか。

池上　わたしは天皇という、国民統合の象徴の存在は大事だと思っています。アメリカは国家元首である大統領は選挙で選ばれる。いま、その国家元首のイスには国の分断を煽る人物が座って、核のボタンを押せる権限を与えられています。

ヨーロッパに目を転じてみると、ベルギーはこれまで何度も国家分裂の危機が起きている。南部はフランス語圏、北部はオランダ語圏、東部はドイツ語圏と言語も異なる国です。ところがベルギーには国王がいることによってぎりぎりのところで統一が保たれているんですね。

半藤　ベルギーでは政党が対立して国会がその機能を停止してしまったときに、国王が警告を発して正常化へと導いた。皇帝や国王、あるいは天皇がいることで調和がはかられるということはご指摘のように、たしかにあります。

池上　イギリスも、EU分裂をめぐって激しい対立が起きていますが、女王がいるから最後はなんとかまとまるのではないかとわたしは見ています。

ヨーロッパでは立憲民主制の、つまり憲法の制約の下に置かれた国王や女王がいる国は、総じて政治的に安定していますよね。オランダにしてもデンマークにしても。英連邦の国家元首はエリザベス女王ですが、カナダも、オーストラリアも、ニュージーランドも安定しています。いっぽう革命が起きて国王の首をちょん切っちゃったフランスは、選挙で国家元首である大統領を選んでいますが、大統領の人気が落ちると黄色いベストのデモが止まらなくなるわけですよ。

半藤　そういう意味でも統合の象徴としての天皇制はあったほうがいいということになりますか。格差が進んで社会の分断が大きくなることが避けられないとすると、いっそう国民統合の象徴としての天皇の存在意義というのは大きくなっていくかもしれません。社会の分断はまた新たなヘイトを呼び込むだろうしね。

一五万人が集まった一般参賀を取材してわかったこと

池上　半藤さんは、若いひとたちが天皇や天皇制に関心を失っているのではないかと心配されていますが、じっさいはどうなのでしょうか。平成最後の正月、一月二日に取材で一般参賀に行きました。そこには一五万人ものひとが集まっていた。行ってみてわかったのですが、高齢者だけではなく若いひとたちも含めて、いろんな世代のひとたちがいました。天皇皇后に対する親しみというのが、老若各層にあることを実感させる景色に見えました。この三〇年、陛下が国民統合の象徴として一生懸命努力をされた結果、天皇に対する親しみというのが増したということは、誰もが認めることだと思います。新しい天皇像は新しい天皇と皇后がこれから築いていくことでしょう。そういう意味で言うと、わたしはそれほど心配して見ていないのですが。

率直に言って、わたし、若い頃は天皇制に懐疑的だったのですが、最近は天皇制というのはいい知恵だなと思うようになりました。

半藤　どのようなことがあってもこのひとだけは信用できる。そういうひとが、いてくれることはいいことですよね。おしまいに平成最後となる今年の歌会始の天皇の歌を紹介させてください。御題は「光」です。

「贈られしひまはりの種は生え揃ひ葉を広げゆく初夏の光に」

「贈られしひまはりの種」とは、平成七年（一九九五）一月の阪神淡路大震災で亡くなった、当時十一歳だった少女の自宅の跡に咲いたひまわりの種のことなんです。それを譲り受けた両陛下が、御所の庭で手塩にかけて育ててきた。この歌は、復興を寿《ことほ》ぎ鎮魂を詠んだ歌として評されています。その見立てに異議はないのですが、その奥にもうひとつの意味が隠されているのではないかとわたくしはニランでいるのです。

最後のところを「はつなつのひかりに」と詠むと字余りになってしまうから、歌会始では「しょか」と詠んでいましたけれど、むしろこれは「はつなつのひかりに」と詠んだほうがいい。それは五月の光。つまり新天皇の「即位の日」、五月一日のことではないか。象徴天皇としての自分の努力は芽を吹き、ようやく葉を広げている。初夏の光を受けてこのまま葉を繁らせていくだろうというお気持ちを詠んだのではないかと。

池上　なるほど、退位に際しての自らのお気持ちを詠んでおられるわけですね。

半藤　ついでに言うと、「はえそろい」「はをひろげゆく」「はつなつの」とあって「は、は、は」と韻を踏んでいる。陛下は自信がおありなんですよ、自分のあとも大丈夫だと。

はてさて、この先どういう時代が来るのか、ねえ。

そんな難しい話は、わたくしみたいな半分棺桶に足を突っこんでいる老骨に聞いたってしょうがないですけどね（笑）。

池上　半藤さんは昭和の失敗を語りつづけてこられた。新しい時代は新しいひとたちがつくっていくのですが、過去の失敗をまた繰り返すようなことがあってはいけません。だからこそ今回は、改めて「平成の失敗」を語り合ったということですね。

おわりに――「歴史探偵」との対話

昭和史のことなら半藤さんに聞け。「歴史探偵」とも呼ばれる半藤さんは、戦争へと進んでしまった昭和史についてじつに詳しい。その半藤さんと、平成について語り合う。そう言えば、半藤さんは、平成の時代について、あまりコメントされていない。出版社は、なかなかのアイデアを出してきました。半藤さんと語り合えるならぜひ、というわけで、この本が誕生しました。

話のなかで驚いたこと、それは半藤さんが、秋篠宮の長男の悠仁さまに昭和史を直接講義したということです。秋篠宮さまが、昭和の歴史について勉強され、それを次の世代にも伝えていきたいと思っていらっしゃることがわかります。

平成の時代の天皇も、「多くの人が歴史について正しい認識を持ってもらうことを希望します」という趣旨のことを発言されています。その言葉をお子様たちも実践されていることがわかりました。

昭和が終わり、平成も終わりました。昭和についての検証も行われていますが、次は私たちが平成の時代を振り返り、何が時代の岐路になったのかを確認する番なのでしょう。歴史をきちんと総括してこそ、次の時代に備えることができる。令和を迎えるにあたり、それが昭和・平成を生きてきた私たちの務めなのです。

対話のなかでは、半藤さんのバブル時代の反省を込めたエピソードが印象に残ります。という言い方は客観的すぎますね。じつに面白く聞きました。半藤さんのような人ですら、バブルに流されていたのですから。

聞いていてはっとしたのは、半藤さんが「小選挙区比例代表並立制」への政治改革に反対だったということです。

リクルート事件や東京佐川急便事件など「政治と金」をめぐるスキャンダルが多発したことから、当時の多くの人たちが、政治改革熱にかかりました。改革に反対する人たちは「守旧派」として袋叩きにあったものです。

しかし、これだけ政治の劣化が進んでしまうと、あの政治改革は何だったのか、改めて検証する必要があると思うのです。

あるいは、福島の原発事故、ネットによる情報革命による社会の変化、オウム真理教の事件……。日本社会の岐路になったことが、次つぎに思い出されました。

貴重な対談の機会をいただいた半藤一利さん、幻冬舎編集者の小木田順子さん、対話の様子を生き生きとまとめてくださった石田陽子さんに感謝です。

ジャーナリスト　池上　彰

おわりに――地獄の上の花見かな

いささか脱線した話になりますが、月刊『文藝春秋』の平成十八年新年号のアンケート的特集に、いまの時代を象徴する「三つの言葉」というテーマで寄稿したことがありました。「災害」「平和」「インターネット」とまともではなく、このときは少々面白く、皮肉っぽくわたくしは答えています。本書のゲラを読みながら、それを思いだしたので、少々長いものですが、ひっぱりだし、全文を引用することといたします。

《面白い設問なので、小林一茶の俳句を借用して、こっちも楽しく答えることにする。

・世の中は地獄の上の花見かな

〈季語＝花見　春〉

国と地方の借金を合計すれば、目がくらむような巨額。これ一つ考えただけでも、明日の日本がどうなるのか見当もつかぬ。それに加えて、少子高齢化時代、子どもの親殺し、それに自然災害の地震や地球温暖化と、まわりを見回して明るいところは一つもない。なのに、われらひとしく浮かれている。まさに「地獄の上の花見」そのものである。
・雀の子、そこのけそこのけ御馬が通る
〈季語＝雀の子　春〉

ちかごろ、都でも鄙《ひな》でも、大いにはやるもの「改革」、これほど重要なことはないらしい。しかも、国のトップがものごとを単純化、早手回しに二者択一を迫るのが好きときたから、世のことはすべて白か黒かできまる。中身がよくわからないから、少々疑義を呈しようものなら、たちまちに「造反」やら「抵抗勢力」の烙印を捺されて排除される。

そういえば、その昔にも「革新」という言葉がはやったことが思い出される。国家改造を主張する革新将校や革新官僚たち、これらが「そこのけそこのけ」とのさばり返って、いつの間にか国の舵を「亡国」のほうへとひん曲げた。ついこの間の話のような気がするが、これは老骨だけが承知していることで、闘志満々の若い衆には関係ないことか。
・辻談義ちんぷんかんも長閑《のどか》かな
〈季語＝長閑　春〉
はじめは〝刺客〟をふくめて総選挙での新人議員八十超名を話題にして「おらが世やそこらの草も餅になる」にしようかと思ったが、もはや「十日の菊」の感がある。で、こっちにした。要するにこのごろのテレビである。大宅壮一氏の名言「一億総白痴化」とは今日のこと。諸兄

姉がペチャクチャ囀《さえず》っている中身はまさしく「ちんぷんかん」。長閑なものである》

いかがなものでしょうか。そのままあれから十三年たったいまでも通用する内容なのではないでしょうか。もっとも子どもの親殺しにならんで、この頃は親の子ども殺しもふえているようです。それに、災害もいまは「人災」と言えるものも多く、政治は混沌とし、世界情勢は複雑化のいっぽうです。加えて、インターネットという視覚言語依存のコミュニケーションへの超移行、結果として情報量の洪水。言ってみれば情報の大海に呑みこまれて溺れ死ぬほどのいまの世です。

年号が平成から令和へと変わってもこれから「地獄の上の花見」「そこのけそこのけ」「ちんぷんかん」のこの国に重くのしかかっている難問は、より重くなることはあっても軽くなることはないように思えてなりません。

であっても、昭和の戦争の反省を礎とする平成の不戦の思想だけは、昭和がますます遠い過去になろうとも、ずっと令和の時代にももちつづけていって欲しいもの。そのためにも、冷静に、理性的に国際社会の現実を見る目と、不戦をしっかりと保持する意思をもつことが大事です。その如何によって地獄にもなれば世界一に立派な平和国家にもなり得る、それが令和という時代なのです。それだけはたしかです。

最後になりましたが、記憶も不確かな耄碌《もうろく》したわたくしのよき話し相手となっていただいた池上さん、それとそんなわたくしを支えてくれた二人の女性、つまり編集者の小木田順子さんと見事に談話を構成してくれた石田陽子さんに、心からお礼を申しあげます。ありがとうございました。

二〇一九年　晩春

半藤一利

著者略歴

半藤一利《はんどうかずとし》

一九三〇年、東京・向島生まれ。新潟県立長岡中学校（現・長岡高校）卒業。東京大学文学部卒業後、文藝春秋入社。松本清張、司馬遼太郎らの担当編集者を務める。「週刊文春」「文藝春秋」編集長、専務取締役などを経て作家に。「歴史探偵」を名乗り、おもに近現代史に関する著作を発表。『漱石先生ぞな、もし』（正続、文春文庫　新田次郎文学賞）、『ノモンハンの夏』（文春文庫　山本七平賞）など著書多数。『昭和史　1926-1945』『昭和史　戦後篇　1945-1989』（ともに平凡社ライブラリー）で毎日出版文化賞特別賞。二〇一五年、菊池寛賞受賞。近著に『語り継ぐこの国のかたち』（大和書房）、『歴史と戦争』『歴史と人生』（ともに幻冬舎新書）がある。

池上彰《いけがみあきら》

一九五〇年、長野県生まれ。ジャーナリスト、名城大学教授、東京工業大学特命教授。七三年、慶應義塾大学卒業後、ＮＨＫ入局。報道記者として松江放送局、呉通信部を経て、報道局社会部へ。警視庁、気象庁、文部省、宮内庁などを担当。九四年から十一年間「週刊こどもニュース」のお父さん役を務め、人気を集める。二〇〇五年に独立後は、テレビ、新聞、書籍、雑誌等、多方面で活躍。多くの大学で教鞭もとる。『池上彰のはじめてのお金の教科書』（幻冬舎）、『わかりやすさの罠』（集英社新書）、『おとなの教養2』（ＮＨＫ出版新書）ほか著書多数。

幻冬舎新書 559

令和を生きる

平成の失敗を越えて

二〇一九年五月三十日 第一刷発行
二〇一九年六月十五日 第二刷発行

著者 半藤一利+池上 彰

発行人 志儀保博
編集人 小木田順子
発行所 株式会社 幻冬舎
〒一五一-〇〇五一 東京都渋谷区千駄ヶ谷四-九-七
電話 〇三-五四一一-六二一一(編集)
〇三-五四一一-六二二二(営業)
振替 〇〇一二〇-八-七六七六四三
ブックデザイン 鈴木成一デザイン室
印刷・製本所 中央精版印刷株式会社

Printed in Japan ISBN978-4-344-98560-5 C0295
は-15-3
幻冬舎ホームページアドレス https://www.gentosha.co.jp/
*この本に関するご意見・ご感想をメールでお寄せいただく場合は、comment@gentosha.co.jp まで。

幻冬舎新書

歴史と戦争
半藤一利

幕末・明治維新からの日本の近代化の歩みは、戦争の歴史でもあった。過ちを繰り返さないために、私たちは歴史に何を学ぶべきなのか。八〇冊以上の著作から厳選した半藤日本史のエッセンス。

歴史と人生
半藤一利

失意のときにどう身を処すか、憂きこと多き日々をどう楽しむか。答えはすべて、歴史に書きこまれている。敬愛してやまない海舟さん、漱石さん、荷風さん、安吾さんの生き方ほか、歴史探偵流・人間学のエッセンス。

平成精神史
天皇・災害・ナショナリズム

片山杜秀

度重なる災害、資本主義の限界、浅薄なナショナリズム。「平らかに成る」からは程遠かった平成。この三〇年に蔓延した精神的退廃を日本人は乗り越えられるのか。博覧強記の思想家による平成論の決定版。

天皇のお言葉
明治・大正・昭和・平成

辻田真佐憲

天皇の発言は重い。明治以降、その影響力は特に激増した。普遍的な理想と時代の要請の狭間で発せられる言葉に忍び込む天皇の苦悩と葛藤。気鋭の研究者が抉り出す知られざる日本の百五十年。